Du même auteur :

Les Signes de la naissance. Étude des représentations symboliques associées aux naissances singulières. Paris, Plon, 1971 (Recherches en sciences humaines, 29).

Mythes et croyances dans l'ancienne France. Paris, Flammarion, 1973 (Questions d'histoire, 35).

Collection Science de l'Homme
dirigée par Gérard Mendel

NICOLE BELMONT

ARNOLD VAN GENNEP

créateur de l'ethnographie
française

232

PETITE BIBLIOTHÈQUE PAYOT
106, Boulevard Saint-Germain, Paris (6e)

Nous devons la photographie de Van Gennep, ainsi qu'un certain nombre de renseignements le concernant, à l'obligeance de M. Pierre Louis Duchartre, ethnologue, qui fut son ami de longue date et qui collabora avec lui à la sauvegarde du patrimoine populaire français.

N. B.

INTRODUCTION

Comment devient-on folkloriste ? S'il faut en croire l'exemple d'Arnold Van Gennep, la voie vers le folklore est à la fois sinueuse et logique. Sinueuse, parce qu'elle passe dans son cas par la numismatique, l'égyptologie, l'étude de l'arabe, de l'islam et des sciences religieuses, et pour finir par l'ethnologie classique. Logique, parce que toutes ces disciplines apparemment disparates concourent, plus ou moins, à l'y conduire.

Van Gennep raconte lui-même comment, avant même la fin de ses études secondaires, il se passionna d'une part pour les anciennes monnaies savoyardes qu'il se mit à collectionner, d'autre part pour la préhistoire de la Savoie et particulièrement les civilisations lacustres. A l'origine même de sa carrière scientifique on trouve donc un enracinement géographique profond et un goût très vif de l'objet et du concret. Cependant il n'était pas né en Savoie, mais en Allemagne, à Ludwigsburg en 1873, où il demeura jusqu'à sa sixième année. C'est ensuite que les hasards de son destin familial l'amenèrent en Savoie (1).

Venu à Paris pour accomplir des études supérieures, il s'aperçut que la Sorbonne ne lui offrait pas l'enseignement qu'il désirait recevoir. Aussi s'adressa-t-il à l'École des Langues Orientales pour y apprendre l'arabe, à l'École pratique des hautes études dans la section des sciences historiques et philologiques pour la linguistique générale, l'égyptologie, l'arabe ancien et dans celle des sciences religieuses pour ce qui concernait la religion des peuples non civilisés et l'islam. Cette distance prise à l'égard de l'Université classique ne fit que s'accentuer au cours de sa carrière scientifique : Van Gennep n'occupa jamais de position académique et resta toujours en marge de l'Université française. Pour ce qui est des années antérieures à la guerre de 1914, il s'en explique lui-même dans des notes restées inédites, destinées aux conclusions du *Manuel de folklore français contemporain* (2) : « Il s'éleva ensuite [après 1890] un antagonisme assez violent entre toutes les sciences de l'Homme antérieurement constituées par le renouveau de la Sociologie comtiste opéré par Durkheim. Celui-ci prit appui sur l'enseignement des universités, ses opposants ayant pour fiefs le Collège de France et l'Institut. En groupe serré les durkheimistes montèrent à l'assaut de ces positions et en vingt années à peu près s'en rendirent maîtres. Quiconque ne faisait pas partie du groupe était " marqué ". » Or lui-même n'en faisait pas partie ; on verra qu'il s'opposa même

(1) Dans la bibliographie établie par les soins de sa fille, on trouvera sa biographie exposée brièvement.
(2) Voir la note de la p. 10.

6

assez violemment à Durkheim et à toute l'école sociologique française et que ceux-ci lui manifestaient au mieux de l'indifférence, au pire de l'hostilité. En revanche, dès ces années de formation, il établissait de bonnes relations avec bon nombre d'esprits intéressants et indépendants : parmi ses aînés, Henri Maspéro, l'égyptologue, Michel Bréal, le linguiste, Henri Gaidoz qui enseigna la littérature et la langue celtiques à l'École pratique des hautes études et fut le fondateur de la *Revue celtique* et de *Mélusine*, H. Derenbourg, arabisant, professeur d'arabe littéral à l'École des langues orientales, Jean Réville, maître de conférences à l'École pratique des hautes études et spécialiste de l'histoire des religions, Léon Marillier qui occupait dans cette même école la chaire des religions des peuples non civilisés (1). Parmi ses co-disciples on trouve le linguiste A. Meillet, W. Marsais, spécialiste de la civilisation islamique, G. Jéquier. Il connut J. Deniker, l'anthropologue des races humaines, le folkloriste P. Sébillot, les numismates Babelon et Prou, le spécialiste de la littérature médiévale J. Bédier.

Ayant rompu ses relations avec sa famille qui n'avait pas accepté son mariage avec une jeune

---

(1) Après sa mort en 1901 il fut remplacé par Marcel Mauss à qui succéda en 1940 Maurice Leenhardt. Depuis 1951 c'est Claude Lévi-Strauss qui occupe cette chaire, intitulée par lui « Religions comparées des peuples sans écriture ». C'est fort jeune que Marcel Mauss reçut cette charge à l'École pratique des hautes études (d'abord de maître de conférences, puis de directeur adjoint et enfin de directeur d'études), puisqu'il n'avait que vingt-neuf ans : né en effet en 1872, il est le contemporain presque exact de Van Gennep.

fille sans dot, il prend un poste de professeur de français en Pologne où il resta quatre ans. Ce séjour lui permit d'ajouter le polonais à la liste déjà longue des langues qu'il possédait et, à l'aide de la philologie, un certain nombre d'autres langues slaves dont le russe. Dès son enfance, il connaissait en effet déjà quatre langues, le français, l'allemand, l'anglais, l'espagnol ; puis apprit l'italien pendant son séjour aux lycées de Nice et de Chambéry. Il était très averti de l'atout que représente la connaissance d'un grand nombre de langues. Il s'est toujours intéressé à la linguistique, en restant cependant dans le cadre strict des rapports de celle-ci avec l'ethnographie. Un certain nombre d'articles dans les cinq volumes de *Religions, mœurs et légendes* en témoigne (1). L'un d'eux montre en particulier une très fine compréhension du rôle social de la langue (2). Il y dénonce l'utopie des langues internationales et pense que le monde entier évoluera vers la « polyglottie » qui sera nécessaire et générale vers l'an 2000. « On apprendra tout enfant par exemple une langue latine, une germanique, une slave, une sémitique, une mongole et une bantoue, avec plus ou moins de facilité, et en se servant de méthodes perfectionnées, applications de la phonétique expérimentale... On enseignera [aux enfants] ce qu'il faudra de linguistique pour qu'il leur soit facile, en appliquant les lois reconnues, de passer de la langue type choisie d'un groupe donné à toutes les autres langues du groupe... Toute discussion, toute

(1) Voir la bibliographie, p. 173.
(2) « Internationalisme et particularisme linguistique », *Religions, mœurs et légendes*, 1, p. 308-316.

propagande en faveur d'une langue internationale, soit factice, soit actuelle, est pire qu'une survivance du xixe siècle ou qu'une naïveté d'ignorant : c'est proprement un obstacle qu'on oppose à la marche de l'humanité entière vers une richesse et une variété plus grandes dans la production intellectuelle » (p. 315-316). Il ne semble malheureusement pas qu'on s'achemine vers ce polyglottisme qu'il souhaitait ni vers cette diversité, gage de la richesse culturelle. Il est cependant remarquable de constater sa compréhension très précoce des particularismes sociaux, de leurs rôles et de leurs effets. C'est un thème qui reparaîtra souvent dans son œuvre à des propos divers.

Revenu à Paris en 1901, ses connaissances linguistiques étendues lui procurèrent le poste de chef des traductions à l'Office de renseignements agricoles du Ministère de l'Agriculture. Il le quitte en 1908, ayant à cette date la possibilité de vivre grâce à ses travaux personnels : chroniques régulières au *Mercure de France*, collaboration à diverses revues, conférences et traductions. Sa vie durant il conservera cette indépendance totale vis-à-vis des instances officielles françaises et notablement de l'Université, à l'exception de quelques rares périodes : pendant la guerre de 1914-1918, il fut ramené par Poincaré au Ministère des Affaires étrangères où il resta jusqu'en 1922. S'il occupa une chaire d'ethnographie durant trois ans, de 1912 à 1915, ce fut en Suisse, à l'Université de Neuchâtel. Il y réorganisa le musée et grâce à lui se tint en 1914 le premier congrès d'ethnographie. Redevenu indépendant en 1922 afin de pouvoir faire une tournée de conférences aux

États-Unis sur les petits métiers et les chansons populaires de France, il reprit tout à la fois les travaux qui lui permettaient d'assurer sa subsistance et son œuvre personnelle. C'est seulement après 1945, alors qu'il avait plus de 72 ans, que le Centre National de la Recherche Scientifique lui accorda une subvention, ce qui lui permit de consacrer toutes ses forces à la rédaction de son *Manuel de folklore français contemporain*. Celui-ci restait cependant inachevé lorsqu'il mourut en 1957 (1).

Avant même d'avoir abordé les études universitaires, Van Gennep était possédé de la manie de la recherche qui, jusqu'à sa vingtième année, trouva un aliment dans la collecte des « vieux sous », des ossements, des fibules, des poteries et dans la « pêche aux palafittes » sur le lac du Bourget. « Ces deux manies, numismatique et préhistorique, eurent cet avantage, non seulement de m'enseigner à dresser par moi-même une bibliographie, à classer méticuleusement les faits d'après de petites caractéristiques, à dépouiller des documents originaux..., mais aussi à entrer en contact avec toutes sortes de gens des villes, des bourgs et des campagnes » (2). C'était acquérir là les qualités propres à faire un bon ethnologue. On verra plus loin comment la numismatique l'amena

(1) Le Musée des arts et traditions populaires conserve ses notes et manuscrits. Nous remercions vivement son conservateur en chef, M. Jean Cuisenier, de nous avoir permis l'accès à ces archives, ainsi que Mme Geneviève Veyssière qui nous a facilité notre travail.
(2) *Titres et travaux*, p. 19.

au problème purement ethnographique des marques de propriété qui l'occupa très tôt et très longtemps, mais n'aboutit jamais malheureusement à une publication d'ensemble. Il avait noté des ressemblances entre des marques pyrénéennes et des signes déchiffrés sur des monnaies celtibériennes. Ceci l'amena à une hypothèse concernant l'origine des alphabets (voir p. 122-123).

C'était pendant les vacances passées en Savoie qu'il s'adonnait à cette collecte des « vieux sous », tandis que, durant l'année scolaire, il demeurait à Nice ; il fut demi-pensionnaire et interne au lycée de la ville, de la septième jusqu'à la rhétorique. Il se décrit à cette époque comme original et insolent, travaillant par à-coups et passant le reste de son temps à se chauffer au soleil, à apprendre à jouer du couteau et à s'initier aux finesses du patois niçart. C'est là qu'il prit aussi le goût du contact amical avec des gens issus de toutes sortes de milieux, dans la campagne de l'ancienne Nice, aussi sauvage à cette époque que la Corse : « Je me fis ainsi des amitiés utiles : je veux dire qu'ainsi je pus, au lieu d'aller en classe, vagabonder le long du Paillon, passer des heures en mer avec des pêcheurs qui chantaient de monotones complaintes, fréquenter par grâce spéciale des contrebandiers de Beaulieu, et les jeudis et dimanches de promenade, quand on allait à Villefranche, disparaître avec quelques bons copains à un détour de sentier, dégringoler vers certaines guinguettes louches où nous attendaient de petites filles accueillantes, de la chique américaine et du vin blanc. Puis, comme immuablement les potaches sages s'en revenaient par la Corniche, nous avions soin d'être embusqués à point nommé en quelque coin et de rejoindre la troupe. Nos pions ne faisaient l'appel, comme exprès, qu'au moment de rentrer en ville, sauf un qui nous ennuya si souvent qu'à la fin, une nuit, nous le jetâmes du deuxième étage par la fenêtre après l'avoir ficelé entre deux matelas (1). »

Son don tout à fait prodigieux pour l'acquisition des langues contribua certainement aussi à accroître ses aptitudes à l'ethnologie. Il dit lui-même que cela lui rendit plus aisé le travail de comparaison. Dans un article de 1927 intitulé « De l'utilisation du subconscient dans l'étude des langues vivantes » (2), il avoue connaître dix-huit langues et les dialectes de plusieurs d'entre elles. Ce court article d'allure anodine, publié dans la revue de l'Institut Pelman dont il fut un collaborateur régulier plusieurs années, mérite d'être connu. C'est l'exposé de quelques « trucs » de l'apprentissage des langues plutôt que d'une véritabe méthodologie. La première règle est de se placer dans une situation telle qu'on entende parler beaucoup et avec toutes sortes d'accents. On réalise ainsi un dressage de l'oreille comme pour la musique. Mais on doit toujours s'arrêter avant la fatigue et la saturation. En même temps il faut tâcher d'imiter musculairement les sons, les intonations et même des phrases complètes : c'est se livrer là à une gymnastique de dissociation et d'assouplissement. L'étude de la grammaire doit se faire à rebours de la méthode habituelle, c'est-à-dire qu'il faut aller de l'invariabilité absolue à la

(1) *En Algérie*, p. 122-123.
(2) *La Psychologie et la vie*, 1re année, n° 3, mai 1927, p. 9-13.

variabilité. Ainsi doit-on commencer par apprendre les mots invariables, interjections, conjonctions, prépositions, adverbes. Une fois connus, ces mots permettent d'organiser la phrase parce qu'ils ne bougent plus. Partant ensuite des radicaux des adverbes, on accède aux verbes, substantifs et adjectifs. L'erreur à éviter est d'essayer d'apprendre ces mots d'après leur sens. Si on les a appris d'après leurs radicaux, un mot qui apparaît à la conscience dans un texte ou dans une conversation, amène avec lui toute la série linguistique à laquelle il appartient. Selon une autre règle, tout à fait générale celle-là, il importe de ne jamais forcer la mémoire : la répétition est voulue, mais ne comporte pas d'efforts violents ni exagérés. Ceux-ci amènent en effet toujours le mécanisme contraire, c'est-à-dire l'inhibition : quiconque pratique une langue étrangère connaît trop bien les fameux « trous » de mémoire, les mots qu'on sait connaître et qui se dérobent au moment où on veut les utiliser.

Ces règles semblent être des astuces, des trucs disions-nous plus haut, utiles certes quand on veut apprendre une langue, mais dépourvus de valeur théorique. Cependant, si l'on transpose cette situation d'apprentissage d'une langue en imaginant celle de l'ethnographe qui arrive sur le terrain, on peut découvrir plus d'une analogie entre les deux. Il s'agit en effet dans les deux cas de découvrir un sens à des choses qui en sont complètement dépourvues, que ce soient des suites de sons ou de lettres, ou des pratiques qui se déroulent devant les yeux. Si l'on admet l'analogie entre les deux situations, une des règles générales de Van Gennep peut paraître surprenante, celle de ne rien apprendre d'après le sens. En revanche, la règle de se placer dans un « bain » de sons étrangers est celle-là même où se trouvent les ethnographes installés au milieu de la population où ils veulent travailler. S'ils connaissent bien cette situation, ils n'y réagissent pas toujours de la façon préconisée par Van Gennep : en établissant un heureux équilibre entre passivité et contrainte, sans jamais forcer la volonté, ce qui produirait un mécanisme d'inhibition. La règle d'apprendre en premier lieu l'invariant linguistique est aussi valable pour l'ethnographe : par exemple les mêmes gestes répétés dans différentes cérémonies lui permettent de mettre en place des points de repère et d'articulation. Passant de l'invariant social au plus variable, qui ne l'est jamais absolument puisqu'il existe toujours des règles, les ethnographes accèdent peu à peu à la compréhension de ce qu'ils observent.

Revenant au problème du sens, on constate donc qu'il se présente dans ces termes sous une forme paradoxale. Il faut apprendre le vocabulaire, non d'après le sens, mais d'après les radicaux des mots, nous dit Van Gennep. Transposée dans le domaine de l'ethnographie, cette proposition pourrait devenir : il faut apprendre à connaître les pratiques, les coutumes, les croyances, le système social tout entier en un mot, non d'après leur signification, mais d'après leurs relations réciproques qui permettent de les organiser en divers sous-systèmes. Paradoxale en apparence, cette démarche est en fait logique. L'expérience montre qu'on ne commence à connaître bien une langue qu'à partir du moment où on n'a plus besoin d'opérer des traductions mentales à partir de, ou vers, sa langue maternelle. C'est encore plus vrai dans le domaine de l'ethnographie, puisqu'aucun système socio-culturel n'est à proprement parler traduisible dans un autre. Et cependant certains de leurs éléments sont, sinon traduisibles, du moins comparables : ce sont ceux que dégage l'analyse formelle, notamment pour la parenté. C'est par une démarche analogue que Van Gennep mettra au jour la notion de rite de passage (voir p. 69), schéma qui permet d'organiser la multiplicité incohérente des pratiques rituelles : « Ce ne sont pas les rites dans leur détail qui nous ont intéressé, mais bien... leurs situations relatives dans des ensembles cérémoniels » (1).

Van Gennep ne fut cependant pas un structuraliste avant la lettre. Médiocre théoricien, il n'était pas capable de conceptualiser suffisamment ce qu'il percevait intuitivement. Ainsi il a littéralement vécu, sans pouvoir les théoriser, les rapports de la linguistique et de l'ethnographie. Le contexte scientifique contemporain ne permettait pas encore qu'avec l'aide de la linguistique, le structuralisme s'élaborât en anthropologie sociale.

Psychologiquement, la pratique de nombreuses langues peut être d'un grand profit à l'ethnologue, en ce sens qu'elle permet d'acquérir de l'agilité et de la souplesse d'esprit dans le maniement des signes linguistiques, sous leur double nature « saussurienne » de signifiant et de signifié. Elle permet ainsi de comprendre concrètement que les langues

(1) *Les Rites de passage*, p. 275.

dites étrangères fonctionnent selon des modèles (phonétiques, syntaxiques, sémantiques) autres que ceux de la langue maternelle : par un glissement qui se fait de lui-même, on est à même de concevoir que les sociétés fonctionnent elles aussi selon divers modèles, dont aucun n'est supérieur aux autres. La langue maternelle, la société où l'on est né ne sont plus l'archétype ni la pierre de touche de toutes les autres langues et sociétés. En ces matières, le sens de la relativité donne accès à une plus grande compréhension parce que l' « autre » n'est plus l'étranger ni le défi à soi-même.

Outre ce don des langues, un autre facteur contribua positivement à sa formation, bien que ce fût un facteur négatif. L'ethnologie n'était pas enseignée à cette époque dans l'Université française (il faudra pour cela attendre la nomination de Marcel Griaule à la Sorbonne en 1943). Tous les étudiants désireux de s'y initier devaient donc en passer par l'enseignement de Durkheim et de l'école sociologique française. Cet état de fait pesa sans doute très fortement sur le développement ultérieur de l'ethnologie française, que ce soit en bonne ou mauvaise part. On a vu que délibérément Van Gennep choisit de suivre un enseignement para-universitaire. Celui-ci avait l'avantage d'offrir une grande variété de disciplines à sa curiosité scientifique débordante. Mais il présentait l'inconvénient de le placer hors du circuit de la « reproduction » universitaire où l'on voit en une chaîne ininterrompue les enseignants former ceux qui seront les enseignants de la génération suivante. Il tenta bien en 1911 de postuler une chaire

« d'ethnographie et d'histoire des religions » au Collège de France. Sa demande n'aboutit pas et ce fut la Suisse qui lui offrit sa revanche. En 1912 en effet l'Université de Neuchâtel créa la première chaire d'ethnographie suisse à la demande des frères Borel qui constituèrent à cet effet un fonds. Ce fut Henri Junod, missionnaire et spécialiste des Bantous, qui fut désigné comme son premier titulaire. Il se désista en faveur de Van Gennep, qui y resta jusqu'en 1915. La cause de son départ fut d'ordre politique : il fut en effet expulsé de la Confédération helvétique par le gouvernement fédéral, car il avait envoyé des lettres à la *Dépêche de Toulouse,* où il mettait en doute la neutralité suisse, ayant eu des preuves qu'elle était violée par les germanophiles (1). Il manifestait là de façon éclatante l'indépendance d'esprit dont il fit preuve sa vie durant par son refus de s'inféoder à aucune école, ni à aucun courant de pensée à la mode. Il en paya le prix puisqu'il fut obligé presque toute sa vie de subvenir à ses besoins grâce à des travaux « alimentaires », articles, chroniques, traductions, conférences, etc. Si l'Université française le tint à l'écart, il ne faut cependant pas croire qu'il vivait dans l'isolement. Il était en rapport avec le grand nombre de correspondants que lui valaient les questionnaires folkloriques lancés par lui dans diverses régions de France. Nous avons vu qu'il avait noué des relations, durant ses années étudiantes, avec bon nombre de ses professeurs et co-disciples. Il

(1) *Bibliographie des œuvres...*, par K. Van Gennep, p. 7.

fonda en 1908 une revue intitulée *Revue des Études ethnographiques et sociologiques* qui devint en 1910 la *Revue d'ethnographie et de sociologie* et parut sous ce titre jusqu'en 1914. Il collabora régulièrement jusqu'en 1940 au *Mercure de France* dont il tenait la chronique d'ethnographie, de folklore, de préhistoire, d'anthropologie et d'histoire des religions. On a dit qu'il fut, entre 1927 et 1933 environ, un collaborateur de l'Institut Pelman et qu'il fournit de nombreux articles à sa revue, *la Psychologie et la Vie.* Cette activité intellectuelle et littéraire débordante irait mal avec l'image d'un homme enfermé dans sa tour d'ivoire. Il avait un contact aisé avec tous les gens, à quelque classe sociale qu'ils appartinssent, sans doute parce qu'il n'y avait pas pour lui de séparation entre la science qu'il tentait de mener à bien et sa propre existence. A cela on peut voir deux raisons. D'une part cette science à laquelle il consacra sa vie (vers sa vingt-troisième année, dit-il lui-même), c'était l'ethnographie dont la visée est précisément de comprendre les autres hommes. A le lire, on sent qu'il a réellement vécu l'ethnographie comme on vit son existence personnelle. Dans un article de 1907 où il expose les résultats de quelques enquêtes qu'il fit en Haute-Savoie (1), il tente de faire comprendre l'attrait de sa discipline : « Le charme le plus grand, peut-être, de l'ethnographie, c'est que, les premiers éléments acquis et la méthode spéciale comprise, la vie quotidienne change d'aspect. Tel petit fait isolé, telle réflexion surprise par hasard évoquent, par leur lien reconnu

(1) *Religions, Mœurs et Légendes*, 2, p. 239.

avec l'ensemble tout entier des croyances et des coutumes, un monde d'analogies et de souvenirs. » C'est un véritable univers proustien qu'il évoque là, transposé dans le domaine de la science. Dans ses notes inédites, c'est plus nettement encore qu'il exprime ce lien intime : « Une pudeur empêche le savant de montrer le sentiment qu'il met dans sa science, pudeur imposée par des doctrines, la mode et souvent la prétention à se considérer au-dessus des passions. Je n'éprouve pas cette pudeur parce que mon tempérament sans doute s'y oppose, mais parce que aussi j'ai fréquenté des hommes qui, en ma présence du moins, ne l'éprouvaient pas non plus : Maspéro et Oppert, Curie et Kropotkine, Matruchot et Bohn, Havelock Ellis et Westermack, Philippe et René Berthelot, Léon Brunschvig et Meillet, Rivet et Sébillot, et quelques autres dans d'autres directions, poètes, peintres, sculpteurs, musiciens. » Déjà en 1914, à propos du *Rameau d'or* de Frazer (1), mais aussi de ses *Rites de passage*, il disait : « ... tel livre de théorie générale, même de facture froide en apparence, exprime d'intenses révolutions mentales ; je crois même que si la collection des faits peut laisser calme et serein dans son cerveau et dans sa chair, par contre le moindre essai de théorie, même sur un petit point de détail, excite les fibres les plus profondes de l'être. De là souvent l'âpreté des polémiques théoriques, comme si la vie du théoricien dépendait, plus ou moins selon les hommes et leur tempérament, de l'admission par les confrères et le public de la théorie proposée. »

(1) *Religions, Mœurs et Légendes*, 5, p. 40.

Cette relation étroite, familière, vécue à tout instant entre le savant et sa science est un autre aspect du don d'observation nécessaire aux ethnologues et que Van Gennep possédait au plus haut point. Tout est pour lui matière scientifique, y compris les petits faits de la vie quotidienne parce qu'il sait en découvrir l'insolite sous le familier : il est, dans sa propre société, comme un ethnographe dans une société lointaine. A ses yeux ce don s'oppose à l'érudition et dans son petit livre intitulé *Le Folklore* il explique cette antinomie et en profite pour égratigner l'histoire au passage : « Cette observation... explique pourquoi les historiens ont longtemps méprisé le folklore et pourquoi les meilleurs folkloristes du siècle dernier ont été des naturalistes, des géologues, des biologistes, des peintres, des artistes en général, ou du moins des savants ayant possédé le don d'observation directe autant que le don qui caractérise l'érudit. La suprématie accordée à l'histoire sur les sciences naturelles pendant le xixᵉ siècle, c'est-à-dire à l'érudition sur l'observation de la nature, pourtant si haut placée par le xviiiᵉ siècle, explique aussi la manie archéologique qui s'oppose tant au progrès de notre science » (p. 34). Ce texte est intéressant à plusieurs titres. On y remarque d'abord la vivacité de son ton à l'égard de l'histoire : on reviendra sur le problème des rapports entre folklore et histoire, qui sont pour lui des rapports d'exclusion, mais on verra aussi que les choses ne sont pas aussi simples (p. 132). Une autre des idées dominantes de Van Gennep apparaît également ici : l'ethnographie est une science biologique, car elle étudie des faits vivants dans leur milieu (à la manière de la zoologie et de la botanique). L'ethnographie fait partie des sciences naturelles, car l'homme fait partie de la nature (voir p. 165, nature et sexualité). Dans un article de 1934 (1), où il introduit selon son habitude des confidences au milieu de propos scientifiques, il retrace l'origine de son goût de la biologie et la façon dont celui-ci infléchit sa réflexion méthodologique : « ... il faut savoir que mon père, laryngologiste connu, m'a fait faire des préparations microcospiques dès l'âge de quinze ans, car il espérait m'avoir comme successeur à Challes-les-Eaux. Or le dressage pasteurien est indélébile. Puis, je me suis pris d'amour pour la biologie ; mais la biologie humaine m'a ensuite séduit plus que celle des végétaux ou des animaux. Malgré moi, j'ai appliqué à l'ethnographie et au folklore la grande méthode biologique dont en France Claude Bernard, Pasteur et Giard sont les « dieux ». Étudier les faits de civilisation dès les périodes les plus primitives, sous l'aspect biologique, et selon les méthodes de l'embryogénie et des sciences naturelles comparatives était s'opposer à la fois, naïvement, à la méthode historique d'une part, à la méthode sociologique officielle d'autre part. On m'a donc considéré longtemps comme un hors-caste. Bien que j'eusse pourtant assimilé aussi ces deux méthodes, comme tout Français qui suit les cours du lycée et de l'Université dans la section des Lettres. Mais quand on se trouve en présence des faits, toute étiquette perd sa valeur, excepté l'étiquette « Biologie ». Car nous autres, ethnographes et folkloristes, avons affaire à des

(1) « Contribution à la méthodologie du folklore ».

faits *vivants*, donc en transformation perpétuelle et obéissant à des lois cosmiques pour leurs constantes, sinon pour leurs variantes » (p. 25). Il faudrait rapprocher ces textes de celui qui est cité p. 157 et qui date de 1911 (« Qu'est-ce que l'ethnographie ? ») afin d'apprécier la remarquable cohérence de la pensée de Van Gennep tout le long de son œuvre et aussi pour voir combien ils s'éclairent l'un l'autre. Dans le second de ces textes, il affirme en effet que l'ethnographie étudie les facteurs et les modalités de la genèse des activités humaines ; elle est une introduction à la science générale des civilisations, d'où l'importance des méthodes biologiques et embryogéniques.

Dans le texte cité p. 20, extrait du livre *Le Folklore*, on trouve aussi un élément de réponse à la question : comment devient-on folkloriste ? Au xixe siècle tout au moins, on devenait un bon folkloriste si l'on n'avait pas été préparé pour cela, si l'on possédait une formation dans les sciences de la nature ou des dons artistiques qui permettent un accès direct aux faits vivants. Ce ne fut pas exactement le curriculum de Van Gennep, mais on a vu qu'il évita de suivre l'enseignement officiel des faits sociaux (la sociologie donc, puisqu'à cette époque il n'existait pas d'enseignement de l'ethnologie et encore moins du folklore). Il suivit un grand nombre d'enseignements qui lui permirent de cerner son objet d'étude et de s'en approcher peu à peu, écartant par là le risque de ne plus le voir comme lorsque les arbres cachent la forêt. Amateur donc, puisque sa formation ne le préparait pas exactement à ses recherches ultérieures, amateur aussi parce que ses activités scientifiques n'étaient pas professionnelles, mais amateur surtout au sens premier et fort du terme : il aimait l'ethnographie et le folklore qui étaient pour lui inséparables de son existence même. Dans le livre qu'il a consacré aux quelques mois passés en Algérie en 1911 et 1912 (1), il avoue : « Faire des recherches d'ethnographie et de folklore, ce n'est déjà plus un travail, ou une occupation, ou une distraction : c'est une nécessité organique, à laquelle je dois céder sous peine d'être, sinon malade, du moins déséquilibré de ma vie normale » (p. 125-126).

Ethnographie, folklore, ces termes semblent employés indistinctement. En effet, pour lui, c'est une même discipline qui s'occupe des faits collectifs vivants. Simplement la tradition scientifique a attribué comme champ d'exercice les populations non indo-européennes à l'ethnographie et les populations rurales de l'Europe au folklore. Van Gennep se soumet sans difficulté à cette terminologie traditionnelle : toutes ses monographies régionales sur la France incluent le nom de folklore dans leur titre (*Le Folklore du Dauphiné*, *Le Folklore de la Bourgogne*, *Le Folklore de la Flandre et du Hainaut français*, etc.). De la même façon, son vaste ouvrage général s'intitule : *Manuel de folklore français contemporain*. Mais il refuse absolument que cette terminologie traditionnelle recouvre une autre diffé-

(1) *En Algérie.*

rence. Pour tous les spécialistes en effet le folklore s'occupe de survivances, de vestiges, d'archaïsmes. Pour Van Gennep au contraire, « l'ethnographie des populations rurales de l'Europe » (alias le folklore) s'occupe des faits collectifs *vivants* ; on verra même qu'il devrait aussi s'appliquer, selon lui, aux *faits naissants*. C'est un manuel de folklore français *contemporain* qui sera sa dernière grande œuvre, malheureusement inachevée. Il met beaucoup de véhémence à s'insurger contre ces folkloristes du xixe siècle et du début du xxe, antiquaires des sciences sociales, qui aimaient à recueillir ces fleurs fanées de la culture populaire qu'étaient pour eux une coutume curieuse, un conte transmis de génération en génération, une recette médicale à base d'invocations et de simples. Mais c'était là s'insurger contre une réalité de fait qui associait, et associe encore de nos jours, le folklore à l'archaïsme. Michel Leiris a très bien décrit l' « idéologie » folklorique : « Par définition, les faits sociaux qui relèvent du folklore offrent un aspect *vétuste*, au moins relativement et en pratique, ceux d'entre eux qu'on remarque surtout sont les plus pittoresques, ceux qui attirent aussitôt l'attention grâce au décalage frappant dû à leur archaïsme souvent doublé d'un exotisme : un exotisme qui peut jouer sans qu'il s'agisse d'un autre pays, mais seulement d'un autre milieu : campagne, par exemple, par rapport à la ville ; province par rapport à la capitale ; voire classes ouvrières par rapport aux classes bourgeoises, portées à regarder au moins implicitement comme folkloriques certains us et coutumes des classes ouvrières, usages qui leur paraîtront naïfs ou désuets (liés à des modes anciennes) par rapport à leurs propres us et coutumes, de sorte qu'elles tendront à considérer que le fait de trinquer appartient au folklore, mais non le rite qui consiste à porter un toast (1). »

Posée dans ses termes extrêmes, la querelle est insoluble, les partisans des faits folkloriques vivants ne trouveront aucun terrain d'entente avec les tenants des survivances. La solution de cette antinomie radicale est ailleurs. Elle nous est indiquée par M. Leiris dans ce même texte. Il remarque en effet que, lorsqu'on veut « conserver pour conserver » les manifestations de folklore, on obtient des formes vides, artificielles, académiques. En revanche ce qui subsiste sans intervention extérieure et même si l'apparence en est archaïque, répond à une nécessité et remplit une fonction. C'est ce qu'exprime admirablement C. Lévi-Strauss à propos des rites de Noël : « Les explications par survivance sont toujours incomplètes ; car les coutumes ne disparaissent ni ne survivent sans raison. Quand elles subsistent, la cause s'en trouve moins dans la viscosité historique que dans la permanence d'une fonction que l'analyse du présent doit permettre de déceler (2). » Van Gennep aurait souscrit à ces lignes, lui qui voulait expliquer le passé par le présent et découvrir dans les mœurs et coutumes actuelles d'une part les affleurements des croyances d'autrefois

(1) « Folklore et culture vivante ». Dans : *Le Livre blanc de l'ethnocide en Amérique*, éd. par R. Jaulin, Paris, Fayard, 1972, p. 359.
(2) « Le Père Noël supplicié ». *Les Temps modernes*, nº 77, 1952, p. 1584.

et d'autre part les germes des croyances de demain.

Pour s'en tenir à la terminologie traditionnelle, Van Gennep s'occupa principalement d'ethnographie dans la première partie de sa vie, du folklore de la France ensuite. On peut situer la ligne de partage aux environs de 1924, date à laquelle il publie son petit livre intitulé *Le Folklore*. Mais, alors que dans cette première époque ses recherches mêlent des études purement ethnographiques, c'est-à-dire concernant des populations non-européennes, et des travaux sur le folklore de la France, celui-ci l'occupera exclusivement de 1924 à la date de sa mort. Sans doute s'aperçut-il de l'absence presque totale de travaux et de chercheurs en ce domaine et conçut-il alors ce grand projet du *Manuel* qu'il ne tenta cependant de réaliser qu'après avoir étendu à une grande partie de la France son réseau d'enquêtes directes et indirectes et mené à bien un certain nombre de monographies régionales. Ses études d'ethnographie traditionnelle peuvent se classer sous trois chefs : en premier lieu des travaux de compilation sur les problèmes alors débattus parmi les ethnologues (*Tabou et totémisme à Madagascar, Mythes et légendes d'Australie, L'État actuel du problème totémique*). On voit ensuite paraître, successivement en 1909 et 1910, deux œuvres beaucoup plus originales, proposant une théorie de certains faits ethnographiques : *Les Rites de passage* et *La Formation des légendes*. En troisième lieu deux livres (*Études d'ethnographie algérienne* et *En Algérie*) et quelques articles témoignent de son unique travail de terrain effectué chez des populations « exotiques », non-européennes. Entre 1911 et 1912 il y passa cinq mois au total et, comprenant que ces deux courts séjours ne lui permettraient pas de « démêler ces complexités enfin discernées », il résolut de n'étudier que les arts et les industries indigènes. C'est là une veine tout à fait isolée dans son œuvre, mais elle permit à l'ethnographie française de jeter les bases d'une de ses branches : la technologie.

Cette schématisation permet de poser quelques jalons dans son œuvre foisonnante, mais en même temps elle opère sur elle une réduction qui l'altère un peu. Où classer en effet ses études sur l'histoire de l'ethnographie en France (publiées pour la plupart dans *Religions, mœurs et légendes*, tome V) dans lesquelles il nous fait découvrir des précurseurs du xviiie siècle tels J. N. Démeunier ou Lafitau ? ou bien son article proposant une solution nouvelle à l'énigme du Masque de fer ? ou son mince ouvrage sur les poèmes homériques ? ou encore ce volume publié au Mercure de France en 1911, intitulé *Les Demi-savants*, où il raille, non sans drôlerie ni finesse, les spécialistes de diverses sciences humaines incapables d'accéder à la moindre compréhension des faits de leurs disciplines en raison de leur érudition même (voir p. 179). Dans ce dernier ouvrage il vise des tempéraments scientifiques à l'opposé de lui-même : s'il possédait une très grande érudition, celle-ci n'étouffa jamais en lui ses possibilités de compréhension intuitive des phénomènes folkloriques. On ne saurait l'exprimer mieux qu'il ne fait quand il déclare, parlant du plan de la bibliographie du *Manuel* établi d'après ses expériences personnelles : « Le folklore n'est pas une science de cabinet ; c'est une science à la fois de plein air et de laboratoire. en ce sens que ce laboratoire est la France tout entière, ou l'une de ses parties plus ou moins vastes, province, pays ou même petit village (1). »

C'est son œuvre même dont nous allons maintenant suivre l'évolution, à la fois dans ses thèmes et dans sa chronologie.

(1) *Manuel de folklore français contemporain*, t. 3, avant-propos, p. 7-8.

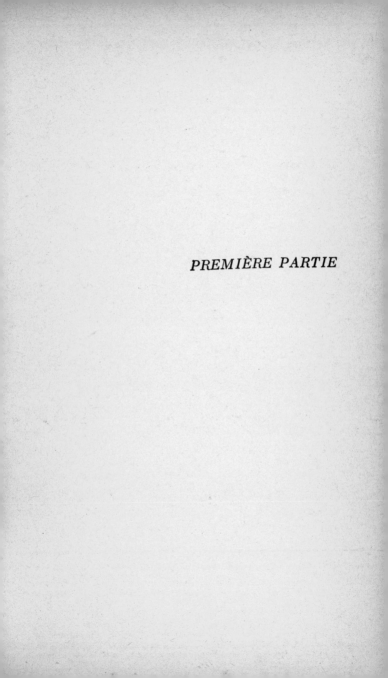

PREMIÈRE PARTIE

1   LE TOTÉMISME

Dans cette première partie de son œuvre où Van Gennep ne se consacre pas encore à l'ethnographie de la France, il publie, outre un nombre considérable d'articles, quatre livres (1). Le dernier forme une charnière entre les deux périodes. Les trois autres semblent, dans une première approche, de bonnes dissertations sur les thèmes de l'ethnologie contemporaine : le tabou, le totémisme, les mythes et les légendes. Une lecture attentive laisse cependant entrevoir des conceptions originales et une grande liberté de pensée par rapport aux idées reçues de son temps.

A tout seigneur, tout honneur. Puisque le totémisme a occupé les esprits des ethnologues (et vidé leurs encriers) pendant une bonne cinquantaine d'années (depuis 1870 date à laquelle McLennan lance le concept dans la littérature, jusqu'en 1920 où Van Gennep publie *L'État actuel du pro-*

---

(1) *Tabou et totémisme à Madagascar* en 1904 ; *Mythes et légendes d'Australie* en 1906 ; *La Formation des légendes* en 1900 et *Les Rites de passage* en 1911.

blème totémique), il est normal qu'il se présente en tête d'une étude consacrée à un homme qui assista, du fait de sa génération, à la période la plus passionnée du débat. Il y prit part aussi, on le verra, mais en général son attitude vis-à-vis de ce problème fut plutôt celle d'un mémorialiste, marquant les étapes importantes, signalant périodiquement les nouvelles théories et les insérant dans l'ensemble, plus ou moins discordant, déjà constitué. Il en fut aussi le critique exigeant : il eut ainsi le courage intellectuel de ne pas ménager Durkheim dont l'autorité incontestée s'étendait sur toute la sociologie française.

Il s'est montré cependant mauvais prophète dans la Préface de cet ouvrage qu'on vient de citer : « le tableau des théories dressé dans le dernier chapitre montre que le totémisme a déjà exercé la sagacité et l'ingéniosité de bien des savants ; et l'on a des raisons de croire qu'il en sera encore de même pendant bien des années ». Relevant cette phrase, Claude Lévi-Strauss remarque dans *Le Totémisme aujourd'hui* (1) que « loin de représenter la première étape d'une synthèse destinée à se poursuivre, il fut plutôt le chant du cygne des spéculations sur le totémisme ». Il est probable qu'à la date de la publication de son livre (1920 ; mais il parut par chapitres à partir de 1917 dans la *Revue de l'Histoire des Religions*), tous les ethnologues auraient souscrit à sa déclaration, tant il est difficile de déceler les signes contemporains d'un nouveau courant de pensée au milieu desquels on vit sans les discerner.

(1) Paris, P. U. F., 1962, p. 6.

C'est probablement la guerre de 1914-1918 qui porta un coup fatal aux préoccupations théoriques sur le totémisme. Si l'on écarte des raisons générales comme cette sorte d' « éclatement » des horizons intellectuels qui se produisit alors, il en est d'autres, plus spécifiques, en particulier l'accroissement du nombre des travaux de terrain sous l'influence de Malinowski. Non qu'ils n'existassent pas auparavant ; mais ils étaient relativement rares et chacun faisait l'objet de discussions passionnées, d'interprétations et de réinterprétations successives de la part des savants « de cabinet ». Les travaux américains étaient sans doute assez nombreux, mais ils restaient en général peu connus des Français malgré le zèle de Van Gennep, insatiable lecteur, à signaler leur parution. En contact plus étroit et plus fréquent avec la réalité du terrain, les ethnologues s'aperçoivent que les termes du problème sont mal posés.

Van Gennep le sentait sans doute confusément car son souci le plus constant dès qu'il parle du totémisme est d'arriver à des définitions dénuées d'ambiguïté, de confronter — on l'a dit — les diverses théories, de poser des jalons. Il pressentait qu'il y avait là une des pierres d'achoppement de l'ethnologie de son temps, sans pouvoir y déceler ce qu'il y entrait de mode intellectuelle bien qu'il en admette la possibilité : « Qu'il y ait en science des « modes », ou si l'on préfère des courants collectifs, cela est évident... Mais ceci ne saurait être un argument contre la « théorie totémique » ni contre la « méthode comparative », car il serait facile de le retourner contre les partisans irréductibles de la méthode historique » (*Religions, Mœurs et Légendes* 2, p. 29-30).

Rendant compte d'un livre sur le culte des enseignes militaires à Rome (*Religions, Mœurs et Légendes* 2, p. 9-21), il se refuse à voir là, contre l'auteur, un cas de totémisme, car n'y apparaît jamais « la parenté d'une gens avec une espèce animale ». L'élément primordial est en effet la croyance à un lien de parenté entre un groupement de totems et un groupement humain. En 1904 il publie son mémoire de l'École Pratique des Hautes Études, Sciences religieuses, intitulé *Tabou et totémisme à Madagascar*. Après avoir compilé un nombre énorme de tabous s'appliquant à divers domaines, il s'interroge sur ceux qui concernent les animaux et les végétaux afin de déterminer la présence ou l'absence de totémisme. Sa réponse est négative pour les raisons suivantes : il n'y a pas à Madagascar de terme pour désigner l'animal ou le végétal tabou (le totem) ; le groupe humain ne porte pas en général le nom de l'animal ou de la plante tabou ; ceux-ci ne sont pas les protecteurs de la famille ou du clan qui doit les respecter ; l'endogamie est beaucoup plus répandue que l'exogamie. Le tabou animal est donc une croyance isolée qui *n'est pas le totémisme.* On peut parler de « zoolâtrie à portée économique », de « thériolâtrie » de « réincarnationisme de la forme vitale » selon les cas, mais pas de totémisme.

Van Gennep nomme *principes* du totémisme les conditions fondamentales et nécessaires à son existence dans un groupe social. Il les énumère dans un article de 1908 intitulé « Tabou, totémisme et méthode comparative » (1) :

(1) *Religions, Mœurs et Légendes*, 2, p. 22-88.

1º) Le totémisme est caractérisé par la croyance en un lien de parenté, qui lierait un groupe humain d'apparentés physiques et sociaux d'une part et de l'autre une espèce animale ou végétale, ou une classe d'objets ; 2º) Cette croyance s'exprime dans la vie religieuse par des rites positifs (cérémonies d'agrégation du groupe totémique anthropo-animal, anthropo-végétal, etc.) et des rites négatifs (interdictions) ; 3º) et au point de vue social, par une réglementation matrimoniale déterminée (exogamie limitée) ; 4º) Le groupe totémique porte le nom de son totem.

En dépit de l'assurance dont témoignent ces principes, les écrits de Van Gennep sur la question sont parfois traversés de contradictions internes qui témoignent peut-être d'un certain scepticisme inavoué. Ainsi en 1904 déclare-t-il : « Il n'y a pas *un* ou *le* totémisme, mais bien *des* totémismes (1). » Mais c'est dans *L'État actuel du problème totémique* qu'elles apparaissent le mieux parce qu'il les présente alors sous la forme de critiques adressées aux théories de ses collègues.

Examinant la troisième (et dernière) théorie de Frazer (appelée conceptionniste et basée essentiellement sur les croyances des Australiens — et tout particulièrement des Arunta (Aranda) — au sujet de la conception et de la réincarnation), il cite l'objection d'un auteur nommé W. Heape, spécialiste des problèmes de reproduction animale et humaine ; celui-ci considère comme impossible que les hommes, quel que soit leur stade de civilisation, aient jamais ignoré le rapport entre le

(1) *Religions, Mœurs et Légendes*, 2, p. 13 (c'est lui qui souligne).

coït et la fécondation, puisque les animaux, même inférieurs, le savent par instinct, prenant des précautions pour mettre leur future progéniture à l'abri du danger. Or les Australiens ont élaboré une organisation sociale et religieuse suffisamment complexe pour ne pas être considérés comme des arriérés. Et Van Gennep cite ces lignes de Heape qui rendent un son extrêmement moderne :

« Au lieu de supposer avec Frazer que l'ignorance actuellement affirmée par ces sauvages est la preuve d'une ignorance réelle de la vérité, je regarde comme bien plus probable que leurs coutumes, leurs croyances, leur système éthique si l'on veut, les obligent à nier cette connaissance ; qu'ainsi a été créée une croyance supérieure, qu'il serait impie de discuter ; car ce serait jeter la suspicion sur les Esprits, qui sont plus puissants que les humains. C'est la croyance en la toute-puissance des esprits des morts ou des ancêtres, vivant dans un certain marécage, dans un rocher, une grotte, une pierre, un animal ou une plante, qui a conditionné la croyance sur laquelle Frazer construit son interprétation du totémisme primitif (1). »

Malheureusement Van Gennep ne tire pas de cette thèse tellement remarquable à cette époque ses conséquences logiques parce qu'elles auraient jeté à bas, de proche en proche, toutes les pièces de l'édifice totémique. Il se contente d'en tirer un argument contre Frazer (et aussi contre Durkheim) : « Si les Arunta ont systématisé à ce point la croyance à la fécondation sans interven-

(1) *L'État actuel du problème totémique*, p. 22-23.

tion du mâle et en ont fait un élément aussi important de leurs cérémonies magico-religieuses, c'est que les Arunta sont plus évolués et moins primitifs que les autres Australiens » (p. 24).

Van Gennep — on l'a dit — n'a pas ménagé ses critiques à Durkheim. Il commence par l'attaquer sur ce même point : les sociétés inférieures ne sont pas des sociétés simples, elles sont aussi complexes que les sociétés « civilisées » du point de vue de leur mécanisme interne et de l'enchevêtrement de leurs fonctions ; elles ne sont ni uniformes, ni homogènes. Là-dessus il fait l'hypothèse d'un schéma d'évolution des sociétés, proche des théories modernes de l'origine de l'homme ; il ne développera nulle part ailleurs cette hypothèse, ni ne cherchera à la confirmer : « Les hommes ont inventé un grand nombre d'institutions, dont beaucoup ont suivi leur évolution propre jusqu'au bout d'une impasse, et seules quelques-unes d'entre elles ont pu être conservées et constituer ce qu'on nomme à proprement parler la civilisation. Parmi des institutions qui ont abouti à une impasse se trouvent l'exogamie et le totémisme, ainsi que le système des castes et la polyandrie. Vouloir fonder sur de tels phénomènes une théorie générale de la religion et de la société comme l'a fait Durkheim, ne pouvait conduire qu'à une vue erronée de la réalité, à une interprétation forcée des documents (1). » Le fondement même de l'ouvrage de Durkheim, *Les formes élémentaires de la vie religieuse*, est chancelant, car si les Australiens sont du point de vue technique des primitifs au

(1) *L'État actuel du problème totémique*, p. 43.

sens exact du mot, ils sont loin de l'être en ce qui concerne la réglementation matrimoniale, l'organisation du totémisme ou le cérémonialisme. Il est donc impossible de saisir chez eux les germes de la religion.

Pour ce qui est du contenu même du totémisme durkheimien, Van Gennep se montre tout aussi sévère. On sait que le sociologue voit l'origine du totem dans un emblème que le groupe social se donne pour assurer son existence, sa cohésion et son maintien, emblème où il reconnaît la représentation d'un animal, et celui-ci acquiert par cette identification le caractère sacré de celui-là. Ce schéma d'évolution est le même que celui qui fut proposé par A. Lang, à ceci près que c'est un nom, d'animal le plus souvent, que se donne le groupe, cet animal devenant du même coup vénérable. A la question capitale : « Pourquoi cet emblème a-t-il été emprunté au monde animal ou végétal, mais plus particulièrement au premier? », Van Gennep estime que Durkheim répond par « des lieux-communs de la littérature ethnographique », « un chapelet de formules absolues, construites en dehors des faits, et qui n'ont en leur faveur qu'une très faible probabilité ». En effet Durkheim pense que l'animal joue un rôle économique essentiel dans la vie de ces chasseurs et pêcheurs ; il y a une plus grande parenté de nature entre l'homme et l'animal qu'entre le premier et le végétal ; il est probable que chaque groupe a choisi pour emblème l'animal le plus répandu dans son voisinage (théories économique, psychologique et biologique, localiste).

Le désaccord entre Van Gennep et Durkheim

semble total. On a déjà noté que le premier était toujours resté en dehors de l'école sociologique dont l'emprise était si grande sur tous les travaux français. Dans le cas présent, il s'agit d'une véritable incompatibilité qui, à notre sens, repose sur l'extraordinaire intuition de Van Gennep en ce qui concerne la réalité ethnographique. Intuition, en effet, puisqu'il n'a jamais fait de travail de terrain « exotique » (sinon deux courts séjours en Algérie) et cependant il sait déceler mystérieusement tout ce qui, dans une théorie, est purement spéculatif et ne s'appuie pas sur les faits ethnographiques. C'est par la vertu de ce sens énigmatique qu'il est plus proche de l'école anthropologique anglaise, bien qu'il en critique souvent ses représentants. C'est lui qui a traduit en 1898 le premier ouvrage d'ensemble de Frazer consacré au totémisme. Non seulement il lit toute la littérature ethnologique anglaise et américaine, mais il en fait des comptes rendus fréquents dans les revues. Il reconnaît en eux des gens plus attachés à la réalité ethnographique que les Français, parce que plus nombreux à faire des études de terrain et sans doute aussi à cause de leur tendance traditionnelle à l'empirisme. Dans la seconde partie de son livre, il balaye d'une phrase les constructions creuses, non seulement de Durkheim, mais d'innombrables auteurs qui s'essayèrent les uns après les autres à résoudre le problème : « Il est manifeste que le totémisme n'est pas un phénomène simple, mais au contraire un phénomène très complexe et qui varie avec les pays et les peuples, précisément parce que c'est un produit de l'ingéniosité humaine ; l'expliquer par des formules verbales comme *pensée collective, mode de penser totémique, sociali-sation des valeurs affectives,* c'est revenir au phlo-gistique, sinon même à la *virtus dormitiva* » (p. 317). C'est cependant avec beaucoup de patience qu'il présente toutes ces théories succes-sives, sans oublier celle de « M. Sigismond Freud », inventeur de la psycho-analyse, ni les plus récentes à son époque, celles de Kroeber et de Boas où l'on voit les signes avant-coureurs de la dissolution des données du problème. Dans cette deuxième partie, il examine aussi les traces éventuelles de toté-misme que l'on voulait avec obstination découvrir dans les institutions sociales et religieuses de l'anti-quité égyptienne et grecque.

C'est seulement à l'extrême fin de son ouvrage qu'il présente ses propres conceptions. Elles ne forment pas véritablement une théorie, en ce sens qu'on n'y voit rien de systématique ni de doctrinaire. Par rapport à sa position de 1908 (voir p. 34), on constate non pas un changement radical, mais un élargissement de ses vues sur la question, une meilleure compréhension des faits, ce mot étant pris dans son double sens : intelli-gence et inclusion des faits.

La fonction du totémisme est de maintenir la cohésion actuelle du groupe social et d'assurer sa continuité. L'idée de parenté totémique satisfait le besoin social de classement des humains. « Car chaque société ordonnée classe de toute nécessité, non pas seulement ses membres humains, mais aussi les objets et les êtres de la nature... rien ne permet de considérer que tel système de classe-ment, par exemple le système zoologique du toté-misme ou le système cosmographique, ou le système professionnel (castes) soit antérieur aux autres. Le classement détermine entre les individus situés sous la même rubrique un lien spécial qui, dans son essence psychologique, est proche du lien de parenté » (p. 346). La notion de parenté totémique est faite de la parenté physiologique (la moins précise), de la parenté sociale (par initiation, adoption, mariage, etc.) et de la parenté cosmique ou classificatrice « qui relie tous les hommes d'un groupe aux êtres ou objets situés théoriquement dans ce groupe ». Mais il ne s'agit pas d'une addition de trois éléments, mais de leur combinaison à la manière dont le cuivre, le soufre et l'oxygène forment le sulfate de cuivre. Un autre facteur de cohésion sociale étant la possession d'un territoire, il existe divers modes d'appropriation totémiques, mais aussi d'autres systèmes qui n'ont rien à voir avec le totémisme. C'est dire qu'en passant Van Gennep retrouve la théorie conceptionniste de Frazer : c'est parce que le groupe social s'approprie un territoire qu'il le « quadrille » avec les demeures des « enfants-esprits » et non le contraire. « Un territoire même pauvre et en majeure partie inculte ne vaut pas tant pour les hommes d'un certain moment comme demeure actuelle que comme demeure éternelle de toutes les générations à venir » (p. 348). En ce qui concerne également l'Australie, les mythes qui décrivent les voyages des ancêtres totémiques sont des mythes d'appropriation d'un certain territoire. Les cérémonies ont pour objet de maintenir la faune, la flore, les accidents du terrain de ce même territoire.

Il en vient ensuite au rôle du nom et de l'emblème, qui ne peuvent être une cause du totémisme comme Durkheim le prétend, mais seulement une conséquence « non pas même du totémisme mais de toute forme d'organisation collective » (p. 349) dont la fonction est de servir de lien symbolique.

Si la cohésion sociale a besoin de tant d'éléments pour se maintenir, c'est qu'elle a à lutter contre la tendance à la dissolution et à l'éparpillement. Le classement social renforce la cohésion à l'intérieur d'un groupe, mais en même temps affaiblit les liens de celui-ci avec tous les autres. Le totémisme permet de maintenir « le rapport, non seulement des parties composantes de la société avec le tout social, mais aussi de ce tout social avec la nature entière » (p. 350).

L'exogamie joue un rôle identique en ce qui concerne les seuls humains. Van Gennep en envisage l'aspect positif négligé par les auteurs qui y voient essentiellement une prohibition. Elle a pour fonction de mettre en rapport des groupes sociaux « qui sans cela n'entreraient pas plus en contact, normalement, que les maçons de Rouen et les coiffeurs de Marseille », selon sa formule imagée qui a été reprise et systématisée par C. Lévi-Strauss dans *les Structures élémentaires de la parenté* et *le Totémisme aujourd'hui* (p. 49-50). Ainsi s'explique très facilement le fait que l'exogamie soit parfois associée à des institutions « totémiques » et parfois ne le soit pas. « Si donc on rencontre l'exogamie concurremment avec le totémisme chez un peuple, c'est que ce peuple a jugé bon de renforcer la cohésion sociale déjà établie par le totémisme en y adaptant un autre système encore qui rejoint le premier par le facteur de la parenté physique et sociale et s'en distingue, sans s'y opposer, par l'élimination de la parenté cosmique [ou classificatrice] » (p. 351). Il en est de même pour ce qui est des autres institutions raccrochées avec plus ou moins de bonheur par les divers théoriciens à l'édifice de leur système : les sociétés secrètes, les fraternités magiques, les cérémonies agraires, le système classificatoire, la filiation utérine... Et Van Gennep conclut : « Bref, le totémisme est un mode particulier, nettement distinct, parfaitement viable, de combinaison de l'apparentement et de la territorialité collectifs, institué et perfectionné dans le but de résoudre le problème fondamental de toutes les sociétés générales (tribu, cité, nation) : comment assurer la cohésion et la durée sociales malgré le changement des individus, la tendance à l'autonomie des groupements secondaires (famille, clan, caste, etc.), les crises du milieu intérieur et l'hostilité du milieu extérieur » (p. 352).

On voit que de cette manière Van Gennep se débarrasse sans difficulté du problème historique dans lequel ses prédécesseurs et contemporains s'empêtraient, obligés par leurs diverses théories de s'interroger sur les origines du totémisme, les formes premières de la religion, le degré de primitivité des Aranda et des sociétés australiennes en général. Il considère en effet que tous les éléments d'un système social quelconque ont un sens puisqu'ils concourent à renforcer la cohésion sociale du groupe dans sa totalité ou de ses sous-groupes. Il ne nie pas par là qu'il y ait parfois des inventions ou des emprunts — mais ils ne sont viables que dans la mesure où ils peuvent s'intégrer dans le système —, ou des dégénérescences, des déviations

— mais la régulation sociale réussit à les éliminer. Ce qui compte pour lui, c'est la société dans sa synchronie et son dynamisme de fonctionnement ; ce qui l'intéresse ce sont les mécanismes qui permettent à cette société de vivre et d'évoluer. Malheureusement il ne peut pas le dire explicitement, car il eût été alors obligé d'abandonner comme inutile le totémisme et de mettre à sa place le mécanisme social (1). Il s'arrête à cet endroit précis, par un manque d'audace qu'il est difficile de lui reprocher quand on constate la prégnance du problème totémique dans tous les travaux des sociologues et des ethnologues pendant presque un demi-siècle. Dans une note (p. 346), il précise même qu'il « regarde comme justifié le maintien, dans la terminologie ethnographique et hiérologique, de la notion et du terme de totémisme » : c'est avouer qu'il a eu la tentation de le supprimer.

Dans *La Pensée sauvage*, C. Lévi-Strauss remarque que Van Gennep « reste prisonnier du découpage traditionnel dans les cadres duquel il a accepté d'inscrire sa démonstration » (p. 215). En effet, il voit non seulement la fonction de cohésion sociale du « totémisme », mais aussi sa fonction classificatrice ; il va même plus loin puisque, contre Durkheim, il en fait, non pas une conséquence, mais une « partie constitutive primitive et essentielle » : « car les peuples qui n'ont pas le totémisme possèdent aussi un système propre de classification, qui est lui aussi l'un des éléments primordiaux de leur système d'organisation sociale

(1) A cet égard le sous-titre qu'il a donné à son livre est très significatif : *Étude critique des théories sur les origines de la religion et de l'organisation sociale.*

générale et réagit en cette qualité sur les institutions magico-religieuses et laïques, tels le système
des orients, le dualisme chinois et persan, le cosmo-
graphisme assyro-babylonien, le système dit magique des correspondances sympathiques, etc. »
(p. 345, n. 1). Là encore il se montre timoré et
n'ose se débarrasser de cette machine théorique
encombrante qui fonctionne à vide. C'est pourtant
là une chose qu'il affirmait dès 1908 (1) : « [le
totémisme] implique en outre une orientation
intellectuelle spéciale qui s'exprime par des catégories logiques propres et un système spécial de
classification cosmologique ». On est à la fois très
proche et très loin de l'opérateur totémique de
C. Lévi-Strauss : il n'y a qu'un pas à faire, mais
il paraît infranchissable.

(1) *Revue de l'histoire des religions*, t. LVIII (1908),
p. 34-76 (repris dans *Religions, Mœurs et Légendes*, 2,
p. 22-88).

MÉTHODE COMPARATIVE, MÉTHODE DES SÉQUENCES, MYTHE ET RITE 2

Le totémisme n'était pas le seul problème à requérir l'attention de Van Gennep. En fait, grâce à sa curiosité toujours en éveil, les événements les plus quotidiens suscitaient sa réflexion. L'ethnographie n'est pas pour lui un travail désincarné, c'est une façon de vivre : « Le charme le plus grand, peut-être, de l'ethnographie, c'est que, les premiers éléments acquis et la méthode spéciale comprise, la vie quotidienne change d'aspect. Tel petit fait isolé, telle réflexion surprise par hasard évoquent, par leur lien reconnu avec l'ensemble tout entier des croyances et des coutumes, un monde d'analogies et de souvenirs » (*Religions, Mœurs et Légendes*, p. 239). Le quotidien perd son opacité, s'éclaire et s'organise. C'est dans la série des cinq volumes de *Religions, Mœurs et Légendes* où Van Gennep a recueilli entre 1908 et 1914 les articles jugés par lui les plus intéressants, qu'on peut voir fonctionner cette curiosité. Par exemple, à propos de l'élection du pape Pie X qui avait tout d'abord décliné l'honneur qui lui était échu, il ne veut pas voir là un acte purement individuel ; il rapporte d'autres occurrences de ce rite de refus et l'interprète comme un rite de socialisation de la responsabilité.

Mais ces volumes comprennent aussi des articles plus théoriques et en particulier c'est là qu'il faut chercher la méthodologie préconisée par Van Gennep en ethnologie. Il s'agit de la méthode comparative, issue beaucoup plus de l'école anthropologique anglaise que de la sociologie française. Il la définit en l'opposant à la méthode historique. Celle-ci considère les phénomènes dans leur ordre chronologique et elle utilise les documents écrits ou figurés. La méthode comparative fait abstraction des conditions de temps et de lieu et utilise aussi les documents oraux. « La méthode historique juxtapose, la méthode ethnographique compare. La première s'occupe des *formes*, la seconde des *fonctions* et des *mécanismes* » (*Religions, Mœurs et Légendes*, 2, p. 82).

La méthode ethnographique prend ses modèles dans la biologie, car elle étudie elle aussi les phénomènes *vivants*. Mais de même que la biologie a besoin de sciences historiques comme la géologie et la paléontologie pour classer les êtres, ainsi l'anthropologie a besoin de la méthode historique. En effet, si l'on veut étudier une institution sociale isolément de toutes les autres, il faut utiliser la méthode historique pour décrire les stades par lesquels elle a passé. Mais on n'aura là qu'une description ; on obtiendra une explication en comparant l'évolution de cette institution chez d'autres populations ou civilisations, afin de déterminer les éléments externes et locaux et les éléments intrinsèques. « Quand donc on veut étudier les phénomènes sociaux, il faut les étudier à la fois localement, à l'aide de la méthode historique, et comparativement à l'aide de la méthode biologique, afin d'arriver à les classer dans des catégories « naturelles » : famille, genre, espèce » (*idem*, p. 84-85).

Pour Van Gennep le grand mérite des précurseurs de l'ethnologie française réside précisément dans le fait qu'ils appliquaient la méthode comparative. Montesquieu, cherchant les origines et le fonctionnement des institutions sociales, s'adresse aux relations de voyage. En cela il imite Lafitau qui rapproche les documents bibliques et classiques de ses observations personnelles sur les Indiens de l'Amérique du Nord. Cet intérêt des Français pour l'étude comparée des peuples fut brisé par Auguste Comte dont la théorie des stades d'évolution de l'humanité détourna les chercheurs d'une bonne partie du XIXe siècle de l'étude directe des sociétés. La méthode comparative revint en France sous l'influence de l'école anthropologique anglaise. Dans le dernier volume de *Religions, Mœurs et Légendes*, Van Gennep consacrera une longue étude à ces précurseurs de l'ethnographie française, dont le plus intéressant est probablement Démeunier qui déclarait : « Après tant de livres sur l'homme, on n'a point rapproché les mœurs, les usages, les coutumes et les lois des différents peuples : on veut réparer cette omission. »

Cependant Van Gennep n'est pas inconditionnel de la méthode de l'école anthropologique anglaise. Il le montre dans un compte rendu du *Rameau d'Or* de Frazer (*Religions, Mœurs et Légendes*, 5, p. 26-43). La méthode d'exposition de celui-ci consiste à prendre un certain thème, qu'il décompose en ses éléments ; puis, ayant analysé chacun de ceux-ci, il en cherche les parallèles les uns après les autres. La totalité ressemble à un arbre généalogique à nombreuses ramifications. La question se pose de la valeur de démonstration des parallèles. L'école sociologique française (Durkheim et ses disciples) dénonce « ces chevauchées à travers les populations, ces randonnées, ces accumulations énormes ». C'est une critique analogue que ces mêmes collaborateurs de l'*Année sociologique* ont adressée aux *Rites de passage*. Aussi c'est sans doute plus sa propre méthode que celle de Frazer que Van Gennep justifie de la manière suivante. Une première démarche consiste à étudier le fait ou le groupe de faits qu'on considère, d'abord dans le lieu « pour indiquer les rapports de ce fait avec des faits antérieurs » (p. 32). Étudiant d'autres faits à l'aide de cette même méthode historico-culturelle, on les classe en série et de proche en proche on établit l'existence de cycles. La deuxième démarche consiste à déterminer les éléments indépendants du temps et du lieu qui sont communs à tous ces faits. Van Gennep compare cette démarche à celle de la minéralogie qui, elle aussi, commence par la détermination locale ; mais ensuite vient « l'analyse pétrographique, laquelle ne s'occupe pas du lieu de découverte, mais étudie le corps uniquement dans ses composantes » (p. 33). Le devoir incombe aux spécialistes des sciences de l'homme de s'élever, comme le font les sciences naturelles, de l'individuel, du localisé et du temporisé jusqu'aux notions plus générales. Van Gennep propose d'appeler celles-ci « schémas », mais ce sont les concordances en linguistique, les parallèles de l'école anthropologique anglaise, les *Völkergedanke* des ethnologues allemands, etc. « Quand on veut découvrir les concordances, les permanences, les lois mentales, sociales, culturelles, littéraires, il n'y a pas d'autre méthode possible que la comparaison, la plus étendue possible » (p. 34). Ce sont la démarche et le dessein de Frazer et quelles que soient les critiques qu'on ait à lui adresser, il faut, selon Van Gennep, lui reconnaître ce mérite.

Méthode comparative, méthode ethnographique, méthode biologique sont, à cette époque, à peu près synonymes pour Van Gennep. Elles permettent de comparer les faits de même ordre à travers le temps et l'espace dans le gigantesque laboratoire que constituent tous les groupements humains éparpillés sur les divers continents. Il est facile de critiquer son absence évidente de fondement théorique. Mais Van Gennep n'a pas la prétention de lui en donner. Ce qu'il cherche avant tout, c'est à se donner les moyens de débroussailler la masse touffue des faits ethnographiques à un niveau presque empirique. Ainsi ne parle-t-il jamais de lois, mais de « schémas » (par exemple dans les *Rites de passage*) et dans un article intitulé « De la méthode dans l'étude des rites et des mythes » (1) emploie-t-il les termes d'outil, de clef, de procédé technique commode. Dans ce même article il décrit trois de ces « procédés techniques ». Il appelle le premier la *méthode du fait naissant* qui a son analogue dans les sciences naturelles où on provoque un phénomène pour l'étudier. Les folklo-

(1) *Religions, Mœurs et Légendes*, 4, p. 47-81.

ristes peuvent parfois assister à la naissance d'une légende étiologique ou d'une croyance et étudier alors le mécanisme mental et social qui conditionne son origine et son développement. Bien entendu, à l'encontre des sciences naturelles, il est impossible de susciter des phénomènes pour les observer. La genèse du fait qu'on veut étudier doit être naturelle et on doit l'étudier dans son milieu afin d'examiner les circonstances qui l'accompagnent et le conditionnent. C'est la *méthode éthologique* qui ne consiste pas à revenir à la théorie de la détermination par le milieu physique des xviiie et xixe siècles. Par exemple Spencer et Gillen ont constaté la dépendance étroite entre le système totémique des Australiens et le climat, la faune et la flore de leur habitat ; il n'est pas sans intérêt de connaître l'importance économique du totem animal. Le troisième procédé technique dont parle Van Gennep dans cet article est la *méthode des séquences* qui consiste à étudier chaque rite et chaque thème mythologique dans son rapport avec ce qui le précède et avec ce qui le suit. On peut |alors comparer des ensembles de même ordre (cérémonies de mariage entre elles ou d'initiation), ce qui permet de déterminer les dominantes universelles et nécessaires. C'est dans les *Rites de passage* que Van Gennep a exposé et illustré cette méthode des séquences (voir p. 69 et suiv.).

Dans *La Formation des légendes*, qui date de 1910, Van Gennep se montre également partisan d'une méthode empirique. C'est un livre foisonnant d'idées, mais comme celles-ci sont rarement menées à leur terme, il s'en dégage l'impression d'une certaine confusion. Le propos de ce livre est ambitieux puisqu'il se veut une réponse aux questions suivantes : « Qu'entend-on par fable, conte, légende et mythe, et quelle est la dépendance réciproque de ces diverses formes de récits dits populaires ? Quelle est la place des légendes dans la vie générale et quels en sont les liens avec d'autres activités sociales ? Quelle est leur valeur documentaire : ethnographique, géographique, historique, psychologique ? Quelles sont les lois de la genèse, de la formation, de la transmission et de la modification des légendes ? Quelle est l'importance relative, dans la production littéraire en général, de l'élément individuel et de l'élément collectif ? » Ce sont les deux dernières questions qui recevront des éléments de réponse — à défaut de véritables solutions — assez originaux pour l'époque.

En ce qui concerne la classification des récits, Van Gennep est à peu près d'accord avec les conceptions contemporaines qui distinguent le conte (d'animaux ou merveilleux), la légende et le mythe. Entre le conte et la légende, l'opposition est de nature spatio-temporelle : la légende prétend rapporter des faits localisés dans le temps et dans l'espace ; dans le conte il n'y a aucune indication de ce genre. Le mythe s'inscrit comme la légende dans un temps et dans un espace, mais ceux-ci sont hors de l'atteinte humaine, si bien que les personnages qu'on y voit agir sont des dieux, des héros, ou encore ils participent à la fois de la nature humaine et de la nature animale. Une autre répartition consiste à classer d'une part les récits qui sont objets de croyance (légendes et mythes) et ceux qui ne le sont pas (contes et fables). En outre les mythes seraient objets de croyance et se traduiraient par des actes magiques et religieux. Sur le terrain de la pratique, ces distinctions ne sont pas toujours opérantes aux yeux de Van Gennep. Il adopte donc une définition approchée, quitte à la préciser au fur et à mesure des besoins : « ... on entendra par *légende* un récit localisé, individualisé et objet de croyance et par *mythe* une légende en relation avec le monde surnaturel et qui se traduit en acte par des rites » (p. 30).

Le grand problème dont débattaient depuis l'époque des frères Grimm les spécialistes de la littérature populaire (indo-européenne presque uniquement) était celui de l'origine des récits et des thèmes. On sait qu'il y eut successivement la théorie « aryenne » des frères Grimm et de Max Müller, la théorie « indianiste » représentée en France par Eugène Cosquin et la théorie « anthropologique » d'Andrew Lang. La position que prend Van Gennep là-dessus est originale. Il rappelle d'abord que les ethnographes et folkloristes américains (Lowie, Kroeber) utilisent le terme *catch-word* pour désigner les thèmes récurrents dans les divers récits qu'ils recueillent. Mais ceux-ci sont loin de comporter un seul thème ; ce sont en fait des combinaisons de thèmes. Aussi Van Gennep propose le concept de « cycle thématique », à l'exemple de celui de « séquence cérémonielle » qu'il avait proposé l'année précédente dans les *Rites de passage* (voir p. 69 et suiv.). Un même thème peut en effet appartenir à plusieurs de ces cycles et son importance peut varier dans chacun d'eux. Mais plus encore, c'est sa signification qui change selon la place qu'il occupe dans le cycle. Aussi la comparaison des thèmes considérés isolément est un travail vain ; ce qui importe, c'est de mettre en parallèle des combinaisons définies de thèmes. Dans cette optique les problèmes d'origine et de diffusion se posent différemment. Autant il est hasardé d'attribuer un lieu d'origine à un thème qu'on retrouve dans diverses régions du globe, autant on peut difficilement contester la diffusion quand on rencontre une même séquence de thèmes. De toute façon la plus grande prudence est requise en ces matières complexes et les théories sur le lieu d'origine, les lois de formation, de propagation et de combinaison des thèmes folkloriques sont toujours trop simples. En effet, les variations peuvent porter en premier lieu sur les détails typiques (la pantoufle de verre de Cendrillon), en second lieu sur les thèmes et enfin sur les séquences. Ainsi voit-on deux récits dont la séquence est la même, mais où les détails descriptifs sont très différents, ou au contraire dont les séquences sont brisées, mais les détails se sont conservés.

C'est seulement dans le dernier chapitre de son livre que Van Gennep propose les « lois » de la formation des légendes, utilisant le terme de loi à regret car il lui préférerait celui de schéma, à l'instar des *Rites de passage*, mais « quelques autres ethnographes et folk-loristes n'ont pas éprouvé le même scrupule ». La première est celle de la localisation et de la délocalisation : on trouve parfois dans un récit un thème dont l'action est localisée (légendes étiologiques destinées à expliquer l'origine de tel accident de terrain ou de tel îlot rocheux), alors que dans un autre récit ce même thème ne s'accompagne d'aucune localisation. La deuxième loi est semblable, mais s'applique aux protagonistes du récit ; c'est celle de la personnification et de la dépersonnification. Ainsi retrouve-t-on dans certains contes populaires grecs des thèmes de l'Odyssée dont les héros ont perdu leurs noms : Polyphème est un démon non nommé et Ulysse un garçon aventureux et débrouillard. La loi de temporation et détemporation concerne la présence ou l'absence d'indications spatio-temporelles dans les récits. On a dit que les légendes en comportaient et non les contes. Mais, de toute façon, elles n'ont pas de valeur historique rigoureuse. Ainsi font-elles coexister des faits séparés dans le temps, ou bien éloignent-elles des faits contemporains : « Il y a donc... tantôt rétrécissement, tantôt extension de l'élément temporel » (p. 162). A cette date, Van Gennep estime que les légendes (et les mythes) déforment une vérité historique dont elles témoignent cependant. Sa pensée là-dessus s'est déjà nuancée depuis les *Mythes et Légendes d'Australie* où il ne voyait aucune raison de nier la valeur historique des récits qui permettaient de reconstituer par exemple les migrations des tribus ou les états antérieurs de leurs diverses institutions. En revanche, dans *L'État actuel du problème totémique*, il rejette violemment cette idée, convaincu par les documents de Strehlow que « les mythes et les légendes [australiens à tout le moins] n'ont pas plus de valeur scientifique et documentaire au point de vue social qu'au point de vue ethnique, zoologique ou botanique » (p. 140). On verra plus loin que Van Gennep, se consacrant entièrement à l'ethnographie française, a pris en même temps ses distances vis-à-vis de l'histoire, sans réussir jamais à « liquider le problème ».

La dernière des lois qu'il propose est celle de la convergence et de la dissociation des thèmes. C'est aussi la plus intéressante. Supposons une série O de motifs thématiques a, b, c, d, e ; si celle-ci sort de son milieu d'origine, chacun des motifs peut l'abandonner, il se peut qu'elle disparaisse en tant qu'ensemble organique et que les motifs s'intègrent à d'autres séries définies X, Y, Z. Toutes ces lois agissent séparément ou ensemble. « Ainsi, dans la série définie O : le thème a non localisé, se localise en passant en X ; b, non individualisé, s'individualise ; c non temporisé, se temporise, et tous convergent en X avec des thèmes a', b', c' analogues, au lieu que d n'est pas intégré en X et que c' vient converger avec son analogue c pour donner une série O' nouvelle comprenant alors d, c'... Le nombre des combinaisons est ainsi illimité, a $priori$ » (p. 280-281). On a le sentiment que Van Gennep a bien saisi le mécanisme formel de ces transformations, mais quand il tente d'en déterminer les causes, il s'égare dans le psychologisme. Chaque peuple ayant ses tendances à la gaieté ou à la mélancolie, à la brutalité ou à la tendresse, au style diffus ou sec, choisit les thèmes qui lui conviennent parmi ceux dont il a connaissance. Ainsi les contes recueillis dans l'extrême nord de la Russie où les conditions de vie sont rudes, présentent tous une apparence sévère et triste. On s'aperçoit ainsi que Van Gennep a totalement ignoré la portée et les conséquences de ces lois de transformation (plutôt que de formation). On le vérifie un peu plus loin quand il examine la loi du renversement des thèmes proposée par Leo Frobenius ; il ne l'accepte que pour des épisodes secondaires, citant l'exemple du motif trouvé par E. Cosquin en Inde des « souliers à user ». Une femme, à la recherche de son mari, ne pourra le retrouver que lorsqu'elle aura usé des souliers de fer (dans certaines variantes il s'agit de sept paires). Mais chez les Kalmyks (ce sont des Mongols) le thème s'est renversé et, ce faisant, s'applique à un autre personnage : c'est le mari qui arrive portant sur le dos un paquet de bottes usées au service des héros et des dieux. Pour Van Gennep il s'agit de cas si rares que le principe du renversement ne mérite pas le nom de loi.

On doit lui reconnaître le grand mérite d'avoir affirmé et tenté de démontrer que la littérature populaire ne se transforme pas au gré du hasard et que des lois formelles gouvernent les phénomènes d'emprunt et de diffusion : « ... dans ce domaine, comme dans les autres, les formes, quelque variées et diverses qu'elles puissent être, se combinent suivant un très petit nombre de mécanismes et dépendent d'un très petit nombre de règles générales, de *lois* » (p. 310).

Il note aussi le paradoxe suivant : la littérature orale varie beaucoup, alors que ce qui est populaire montre en général une tendance à la stabilité. C'est par une idée neuve à l'époque que Van Gennep répond à ce paradoxe apparent. En effet la littérature populaire ne l'est que par le milieu où elle vit et se développe. Pour le reste, l'action de l'individu y est presque aussi importante que dans la littérature savante ; mais, à l'encontre de celle-ci, sa forme est uniquement orale. Il s'ensuit que l'étude des récits populaires doit désormais comporter celle de leur fonction sociale parce que celle-ci a une signification. Imaginons un récit de forme et de contenu quelconques. Si on le raconte n'importe où, à n'importe quel moment de la journée, dans n'importe quelle occasion, c'est un conte ; en revanche si on le raconte à un moment solennel et qu'il s'accompagne d'un rituel célébré par des personnages considérés comme sacrés, c'est alors un mythe. « La forme de l'histoire est la même dans les deux cas, avec tous ses détails demeurant identiques ; mais la fonction, c'est-à-dire le rôle social, diffère » (p. 307).

Il est frappant de constater que Van Gennep a très tôt pris une position aussi ferme qu'originale sur le problème de l'individuel et du collectif dans les créations populaires. Dans un article de 1910 où il rapporte des légendes, des chansons, des jeux, recueillis en Haute-Savoie (1), il rappelle que dans *La Formation des Légendes* il s'est élevé contre l'erreur commune consistant à amalgamer populaire et collectif. « Il est faux de croire qu'une collectivité invente ou crée : toutes les fois qu'on pousse l'analyse assez avant, on trouve comme source des inventions et des modifications de tout ordre un individu ou quelques individus peu nombreux... « populaire » veut dire seulement ce qui a cours dans le peuple » (p. 242). C'est à propos des chansons savoyardes qu'il réitère cette conviction ; comme pour les récits populaires il

(1) *Religions, Mœurs et Légendes*, 3, p. 181-263.

pense que la transmission orale s'accompagne de déformations, lesquelles ne se font pas au hasard, mais dans des directions et selon des tendances déterminées. Dans le cas des chansons, il faudrait en rechercher les règles psychologiques et phonétiques.

En dissociant le collectif du populaire, Van Gennep tente de détruire un vieux mythe qui a la vie dure, car on pourrait encore en trouver des témoignages de nos jours. On admire sa liberté de pensée vis-à-vis des idées reçues dans le monde scientifique de son temps et on s'interroge sur l'origine de cette conviction qui semble jaillir toute faite de son œuvre. Elle est présente dès 1906; dans *Mythes et légendes d'Australie* il affirme que le rôle de l'individu dans les sociétés primitives n'est pas si mince qu'on le croit. Chez les Australiens un individu intelligent peut proposer des modifications du cérémonial qui sont adoptées ensuite par la collectivité. A cette action des individus, s'ajoutent les interactions à l'intérieur d'un groupement large ; dans les zones frontières, « au sens géographique et sociologique du mot » (cf. l'importance de la marge dans les rites de passage, p. 76), les différentes coutumes ou institutions subissent un travail d'adaptation en se frottant les unes aux autres, puis sont assimilées par les groupes restreints. Les modifications sociales sont ainsi le résultat de deux facteurs : l'invention individuelle et l'assimilation collective.

Dans un article de 1908 intitulé « De quelques cas de bovarysme collectif » (1), Van Gennep

(1) *Religions, Mœurs et Légendes*, 1, p. 202-229.

élargit les données du problème à toutes les transformations de l'humanité. « On voit les croyances, les coutumes, les institutions déferler, se rejoindre, se combiner, s'échafauder, se neutraliser, mues d'une incessante agitation dont la raison d'être semble d'abord incompréhensible, au point qu'on ne la croirait dépendre que du hasard » (p. 209). Il formule l'espoir que la théorie du « bovarysme collectif » de Jules de Gaultier aide à déterminer les lois de ces transformations, tout au moins ses dominantes. Cette théorie étant tombée dans un certain oubli, il n'est peut-être pas inutile de la rappeler. Le bovarysme, c'est « le pouvoir départi à l'homme de se concevoir autre qu'il n'est » ; il peut être individuel ou collectif (ce terme a été évidemment tiré du nom de l'héroïne de Gustave Flaubert). Il y a bovarysme collectif quand un certain nombre d'individus du groupe subit la fascination d'une coutume étrangère. Dès lors la collectivité est divisée avec elle-même ; il en résulte une moindre production collective, une impuissance des efforts et parfois une complète désagrégation. C'est en effet ce que constate Van Gennep en étudiant le cas du Libéria, que les rapports récents montraient dans un état de décadence économique et culturelle avancée. La raison en est que ce pays se trouve écartelé entre sa conception bovaryque (l'imitation du mode de vie des Blancs) et sa psyché réelle. L'image idéale vers laquelle se tournent les Libériens, c'est celle des Puritains anglo-saxons ; leur faiblesse sociale vient de ce qu'ils se veulent autres qu'ils ne sont. Aux yeux de Van Gennep, il est toujours possible d'emprunter les éléments externes d'une civilisation (moyens de transport par exemple), mais non ce que nous appellerions son idéologie. Cette théorie lui permet de dénoncer violemment la colonisation européenne : « En forçant les Nègres des pays tropicaux ou les Océaniens à adopter notre conception de la pudeur, donc à se vêtir, nous les tuons. C'est là un cas brutal, où la physiologie et la psychologie indigènes sont atteintes à mort d'un seul coup. Mais d'ordinaire notre influence psychique ne s'exprime pas par une action unique, bien remarquable. C'est, le plus souvent, peu à peu que les gestes et les manières de sentir indigènes se modifient, que les antagonismes individuels et collectifs s'exacerbent, que les groupes se désagrègent et meurent. C'est lentement que s'infiltre une conception nouvelle du monde, destructive de la conception locale » (p. 227). On ne saurait mieux décrire le processus de l'ethnocide.

A propos d'une communication de E. Meyer sur les débuts de l'État (1), il revient sur ce problème de la représentation que les individus se font du groupement social, linguistique ou national dont ils font partie. Ils ont le sentiment d'une unité et d'une identité, alors que la réalité montre le métissage, l'emprunt, le mélange. Il y a donc dans le mécanisme social une tendance à la différenciation et une tendance à l'uniformisation, qui sont toutes deux nécessaires à la survie de la société. Une fois de plus, on sent Van Gennep curieux d'analyser les processus sociaux à leurs divers niveaux et soucieux d'en chercher les règles, les schémas et les lois.

(1) *Religions, Mœurs et Légendes*, 1, p. 230-298.

Parmi les questions qui retenaient l'attention des contemporains de Van Gennep, celle des rapports entre mythe et rite n'était pas la moins débattue. A vrai dire les ethnologues anglais et allemands s'y intéressaient plus que leurs collègues français. Le point de vue auquel se placent Hubert et Mauss est strictement sociologique : ils distinguent les récits qui sont objet de croyance, le mythe et la légende, et ceux qui sont seulement une production esthétique, le conte et l'épopée. Ils affirment que, très fréquemment, tout rite régulièrement célébré s'accompagne d'un mythe et que la question de l'antériorité de l'un ou de l'autre ne doit pas être posée abstraitement, pas plus qu'on ne peut y répondre de façon générale. Parfois le mythe n'est plus la représentation directe du rite ; certains rites sont accompagnés de mythes d'âge divers, des mythes indépendants créent des rites « par analogie ». Sur ce dernier point, Van Gennep pose la question suivante : si le mythe subsiste seul et ne provoque pas la naissance d'un nouveau rite, qu'en est-il de lui? Comment l'appeler, puisque seuls les mythes à quoi correspondent des rites, c'est-à-dire dont la fonction est religieuse, méritent ce nom?

La première étude que Van Gennep consacre à cette question se trouve dans les *Mythes et Légendes d'Australie* (Introduction, p. xci-cxvi). Plutôt que de se lancer dans une discussion théorique, il préfère s'appuyer sur la base concrète des mythes et des rites australiens dont il dégage les rapports par une démarche réellement dialectique.

Il constate d'abord qu'en Australie, surtout chez les tribus centrales, le mythe se présente

« proprement comme un rite raconté et le rite comme un mythe agi ». Or Spencer et Gillen ont remarqué que des individus « doués » inventent des rites ou des fragments à intercaler dans des cérémonies déjà existantes ; le mécanisme de cette invention est soit conscient (mais à partir du contexte socio-culturel dont dispose l'individu), soit onirique. Dans ce cas — dit Van Gennep — le rite est antérieur au mythe : « D'abord le geste individuel, modification du geste coutumier : puis le récit explicatif, le mythe » (p. xcv). Parfois même on ne crée pas de récit qui corresponde à la cérémonie. D'autre part, il semble qu'aucun mythe ne soit récité sans référence au rite : chez les Aranda et les Dieri surtout, les mythes sont des rites oraux. Aussi conclut-il à l'impossibilité de déterminer l'antériorité des uns sur les autres : « Cela revient à demander si la parole est antérieure à la pensée, ou inversement. Ce sont là thèmes à discussions scolastiques et pas autre chose » (p. c).

Avec *La Formation des légendes*, élargissant les données du problème, il s'interroge sur les origines du théâtre. Il donne le nom de mythes aux « légendes dramatisées », c'est-à-dire aux récits qui sont objet de croyance et qui se traduisent en acte. Dans les cérémonies mexicaines par exemple, on observe une combinaison du récit parlé et chanté, des incantations, de la danse, des jeux de scène, à quoi collabore le public. Puis ces éléments se sont dissociés, suivant des modalités diverses. Dans le drame grec les rites évoluent en représentations mimées. En revanche les mystères chrétiens conservent leur valeur d'actes pieux durant presque tout le Moyen Age. Dans la religion protestante, la récitation des textes sacrés n'est pas « agie » ; les cérémonies catholiques conservent plus le lien entre récit et rite. Enfin le théâtre a dissocié action et lecture.

Ayant tracé rapidement ce schéma d'évolution de la « légende dramatisée », Van Gennep pose la question de l'antériorité du mythe et du rite et revient sur la position qu'il avait prise dans *Mythes et légendes d'Australie*, où il la jugeait oiseuse. A tort, car le simple bon sens fait comprendre que tout rite nécessite qu'un scénario ait été établi au préalable. Il arrive qu'en Australie certains individus proposent à la collectivité — par le truchement des chefs religieux, magiciens, etc. — des modifications cérémonielles ou des fragments de rites. Ce processus passe évidemment par la parole et « ainsi le récit est nécessairement antérieur à l'acte » (p. 117). Sans doute parle-t-il de « récit » et d' « acte », et non de mythe et de rite, de crainte, peut-être, qu'on ne conteste cette définition *a minima* implicite. Celle-ci frappe par son caractère extraordinairement moderne. Elle sous-entend en effet qu'un mythe ait une existence dans l'inconscient d'un individu en tant que celui-ci participe à un contexte socio-culturel. C'est particulièrement chez les Aranda que les individus « doués » reçoivent de certains Esprits qui datent du « temps du rêve » (cf. Roheim) l'idée et le scénario d'une cérémonie, soit par rêve, soit simplement grâce à un processus d'invention.

Van Gennep remarque ensuite l'opposition entre ce qu'il appelle les « drames magico-religieux » primitifs et le théâtre tel que nous le connaissons : dans le premier cas le geste est rituel et ne change jamais, alors que le récit subit des modifications (les variantes des mythes) ; dans le second cas, au contraire, c'est le texte qui ne change jamais, car il a été fixé par l'imprimerie, tandis que les gestes varient (l'interprétation des rôles, la mise en scène). Il explique ainsi l'origine des variantes des mythes : elles proviennent des interprétations données au cours des temps ou en des lieux divers de représentations rituelles qui n'étaient plus comprises. Dans d'autres cas les rites demeurent intacts, mais une idéologie plus récente (le christianisme par exemple) leur impose une interprétation mythique nouvelle.

Bien que parfois surchargées par certaines idées contemporaines maintenant périmées, les analyses de Van Gennep sur ce qu'il ne nommait pas la mythologie, frappent par leur subtilité. Aussi peut-on regretter qu'il ait plus tard délaissé ce champ de l'ethnologie, se consacrant — on le verra — plus aux « pratiques » ou « observances » qu'à la littérature orale.

Que Van Gennep ait — tout naturellement et intuitivement, semble-t-il — une vue à la fois rigoureuse et authentique de l'ethnographie en tant que discipline ainsi que de la réalité ethnographique, un article de 1913 intitulé « Quelques lacunes de l'ethnographie actuelle » (1) le montre clairement. A cette époque il enseignait à l'Université de Neuchâtel et s'occupait également de la réorganisation du musée d'ethnographie de cette ville. Cet article reflète ses préoccupations du moment : la rareté à la fois des enseignements et

(1) *Religions, Mœurs et Légendes*, 5.

des étudiants en ethnographie, les problèmes muséographiques. Mais surtout il dénonce deux tendances néfastes qui ont cours dans l'ethnographie actuelle : la tendance historique et la tendance muséologique.

La première veut expliquer le présent par le passé alors que l'ethnographie considère « le fait actuel dans son actualité et détermine quels sont tous les facteurs en jeu au moment de l'observation, tous sans exception : matériels et psychiques, individuels et collectifs, conscients et semi-conscients » (p. 18). Sa position n'a pas varié là-dessus, puisque dans un article de 1908 (1), il disait que l'explication, c'est « la détermination des forces qui ont agi dans un sens ou dans l'autre ». Mais c'est là une attitude mentale peu confortable, car elle exige que soient renversées les valeurs traditionnelles des systèmes d'enseignement qui regardent le présent en fonction du passé et qui utilisent des principes classificatoires impropres à l'objet de l'ethnographie. A cette date Van Gennep a donc pris une distance supplémentaire à l'égard de l'histoire ; dans l'article qu'on vient de citer, il la considérait comme inapte à fournir l'explication des faits ethnographiques ; elle représente maintenant un danger, car sa démarche est inverse de celle de l'ethnographie.

Le second danger qui menace cette discipline, c'est la tendance muséologique. Elle pousse à ne s'intéresser qu'aux objets, en particulier aux objets rares et anciens, aux pièces de collection ; elle est le fait des musées ethnographiques qui

(1) « Tabou, totémisme et méthode comparative », *Religions, Mœurs et Légendes*, 2, p. 86.

« perpétuent l'illusion ancienne que ce qui importe, c'est avant tout la connaissance des objets matériels » (p. 21). Un objet affublé de son nom indigène et placé derrière une vitrine n'a aucun sens : « ... notre vrai domaine d'étude, c'est le mécanisme de la production même, c'est-à-dire de la fabrication technique et des conditions psychiques et sociales sous-jacentes dont les objets ne sont jamais que des témoins desséchés, comme les plantes dans un herbier » (p. 23).

Primauté, donc, des mécanismes sociaux de production (production des objets matériels aussi bien que des rituels, des mythes ou des croyances), primauté du vivant sur le mort, de l'actuel sur le passé, de l'explication sur la description, tels sont les impératifs de l'ethnographe. C'est là le bagage minimum nécessaire à tout travail de terrain, étant entendu que le terrain, c'est avant tout un état d'esprit. Dans ce même article, il revient sans s'y attarder sur cette idée si insolite à cette époque que l'ethnographie a un champ d'observation directe et « dans certaines occasions même *expérimentale* » (p. 12 ; c'est nous qui soulignons) : ce champ, c'est l'homme. Il n'explique pas quelle serait la nature exacte de cette méthode « expérimentale » pour les sciences de l'homme. Aussi faut-il nous contenter de rapprocher cette idée, séduisante mais inaccomplie, d'une citation de C. Lévi-Strauss : « Il se trouve qu'en anthropologie, l'expérimentation précède, à la fois, l'observation et l'hypothèse. Une des originalités des petites sociétés que nous étudions tient à ce que chacune constitue une expérience toute faite, en raison de sa simplicité relative et du nombre restreint de variables requises pour expliquer son fonctionnement » (*Leçon inaugurale*, p. 22).

A bien considérer cette période de l'œuvre de Van Gennep (jusqu'en 1914 environ), on en retire le sentiment qu'il fut sans doute le seul véritable ethnologue en France. Non pas tellement en raison de son travail de terrain, puisqu'il fit seulement quelques séjours en Savoie et deux courts voyages en Algérie, mais parce que son optique, sa façon d'appréhender les faits (aussi bien de la vie quotidienne que scientifiques), ses jugements, sa prudence théorique sont toujours proprement ethnologiques, alors que Durkheim et ses disciples (y compris Mauss, quoiqu'à un moindre degré) restaient, *nolens volens*, des sociologues et des philosophes, utilisant les documents ethnographiques pour étayer leurs théories. En 1934, dans un article intitulé « Contribution à la méthodologie du folklore », il lance au passage une attaque contre le sociologue français et son école : « Quand on pense que Durkheim et d'autres ont fondé sur des tribus comprenant vingt à cent cinquante individus des théories universelles, on est pris de scrupule. Pour ma Savoie, j'ai affaire à trois millions d'individus. A ce compte je pourrais inventer cent théories universelles, en prenant seulement les exceptions... » (p. 27). On voit que, bien qu'à cette époque il se consacrât uniquement au folklore de la France, il n'avait pas oublié les débats théoriques de sa jeunesse.

3   LES RITES DE PASSAGE

On a dit que *Les Rites de passage* (1909) constituait le point d'articulation entre les deux phases de l'œuvre de Van Gennep : on ne saurait rêver meilleur thème pour jouer ce rôle. Son auteur y était très attaché ; il le déclare dans un article consacré au *Rameau d'Or* de Frazer (*Religions, Mœurs et Légendes*, 5, p. 39-40) : « J'avoue sincèrement que si je fais bon marché de mes autres livres, mes *Rites de Passage* sont comme un morceau de ma chair, et furent le résultat d'une sorte d'illumination interne qui mit subitement fin à des sortes de ténèbres où je me débattais depuis près de dix ans. » Il avait en effet trouvé là ce qui allait constituer le schéma directeur de ses recherches sur l'ethnographie de la France.

Les ténèbres dont il fait état, c'était toutes les spéculations sur les questions à l'ordre du jour : le totémisme, le tabou, les légendes et les mythes et leurs rapports aux rites, etc. Il part d'ailleurs d'une complexité comparable, mais c'est la complexité concrète d'une société globale telle qu'on l'observe de l'extérieur. On y voit une prolifération de groupements hétérogènes : les groupes totémiques, les castes, les familles, les associations professionnelles, les églises, les classes d'âge, etc. La vie d'un individu dans la société, quel que soit le type de société, consiste à passer successivement d'un âge à un autre et d'une occupation à une autre. Chacun de ces passages est marqué par des cérémonies et le but même de celles-ci est d'assurer ce passage. « L'objet étant le même, il est de toute nécessité que les moyens pour l'atteindre soient, sinon identiques dans le détail, du moins analogues » (p. 4). Ce n'est pas seulement la vie humaine qui est scandée de cette manière, c'est aussi le temps « cosmique » qui est humanisé par des ensembles de rites : les lunaisons, les changements de saison, les solstices, les années, etc.

Après ce préambule, Van Gennep examine les diverses classifications des rites qui ont été déjà proposées, l'école anthropologique anglaise jouant souvent le rôle de chef de file. Quatre catégories indépendantes l'une de l'autre ont été groupées deux par deux. Les rites sympathiques et les rites animistes, les rites à base dynamiste et les rites contagionnistes (l'animisme et le dynamisme s'opposant en ce sens que la puissance est soit personnifiée — le totem, Dieu, etc. —, soit impersonnelle — le *mana*). A cela s'ajoutent différentes modalités : les rites peuvent être directs si leur vertu efficiente est immédiate, indirects s'ils se contentent de déclencher une intervention ; ils sont positifs si ce sont des « volitions traduites en acte » ou négatifs — ce sont les tabous. Il en résulte qu'un rite peut rentrer dans quatre catégories à la fois et qu'il a seize possibilités de classement. Van Gennep donne quelques exemples : le tabou qui défend à une femme enceinte de manger des mûres de peur que l'enfant n'en soit marqué est un rite dynamiste contagionniste direct négatif ! Il avoue lui-même qu'il est parfois difficile de distinguer si un rite est essentiellement dynamiste ou animiste, mais pour l'essentiel cette classification lui paraît légitime. En un sens son mérite n'en est que plus grand : dans cette confusion que les diverses tentatives de classification ne font qu'accroître, il propose un schéma simple, heuristique, applicable sans difficulté aux faits concrets. Il part de la notion de *séquence cérémonielle* ; il remarque qu'il est très rare que les cérémonies soient décrites d'un bout à l'autre et encore plus rare qu'elles soient étudiées les unes par rapport aux autres ; il va tenter, dans ce livre, de grouper toutes celles « qui accompagnent le passage d'une situation à une autre et d'un monde (cosmique ou social) à un autre » (p. 13). Il distingue dans ces rites de passage des rites de séparation, de marge et d'agrégation (ou encore préliminaires, liminaires, postliminaires). Leur importance relative diffère selon les populations et les cérémonies considérées. On observe par exemple que les rites de séparation sont plus importants dans les funérailles que dans le mariage où les rites d'agrégation constituent la part essentielle. La simplicité de ce schéma ne doit pas entraîner une simplification des faits cérémoniels qui sont souvent touffus et compliqués ; mais au contraire elle doit permettre de mettre de l'ordre dans cette complexité.

Ainsi s'aperçoit-on parfois que « le schéma se dédouble : cela lorsque la marge est assez développée pour constituer une étape autonome. C'est ainsi que les fiançailles sont bien une période de marge entre l'adolescence et le mariage ; mais le passage de l'adolescence aux fiançailles comporte une série spéciale de rites de séparation de la marge, de marge et d'agrégation au mariage » (p. 14).

Van Gennep introduit ensuite la notion de « pivotement du sacré ». Le sacré n'est pas une valeur absolue, mais « une valeur qui indique des situations respectives ». La phrase n'est pas très claire, mais les exemples qu'il donne laissent très bien voir ce qu'il veut dire. Un homme, vivant dans sa famille et dans son clan, est dans le profane ; s'il part en voyage et se trouve dans un groupe étranger, il vit dans le sacré. Les femmes, si elles sont considérées comme chargées d'impureté dans la société où elles vivent, sont de ce fait placées dans la sphère du sacré par rapport aux hommes adultes ; elles le deviennent par rapport aux autres femmes quand elles sont enceintes. « Ainsi, tour à tour, selon qu'on se place en un endroit ou en un autre de la société générale, il y a un déplacement des « cercles magiques » (p. 16). Au cours de la vie, chaque individu pivote ainsi sur lui-même et se retrouve face au sacré au lieu du profane, et inversement. Ces pivotements sont marqués par des rites de passage, destinés à en atténuer les effets malfaisants et perturbateurs.

Cette notion de pivotement du sacré peut paraître bien simple, sinon même élémentaire. En dépit de cette simplicité, elle n'avait jamais été exposée jusque-là, bien que le concept de sacré ait donné lieu à une abondante littérature ethnologique. Elle est de même nature que celle de rite de passage, c'est-à-dire que son usage n'est pas à proprement parler théorique, mais une fois établie elle est précieuse pour rendre compte de certains faits, les sortir du chaos de l'observation ethnographique, les classer. On serait tenté de sous-estimer la valeur de ces notions. On s'aperçoit quelquefois qu'elles peuvent aisément remplacer une théorie bâtie à grands frais pour tenter de mettre d'accord des éléments rebelles. C'est là que se trouve un des apports essentiels de Van Gennep.

Dans le corps de son livre, il examine les rites de passage classés selon le déroulement de la vie humaine : grossesse et accouchement, naissance et enfance, rites d'initiation, fiançailles et mariage, funérailles. Parmi ceux-ci, les rites d'initiation occupent une place importante, car ce sont des rites de passage typiques et très purs. Van Gennep insiste sur le fait qu'ils sont célébrés à l'occasion de la puberté sociale, et non physique. Les autres rites concernent le passage matériel, les cérémonies qui marquent l'arrivée de saison et de mois. Ces derniers sont aussi des rites sympathiques de fécondation, de multiplication et de croissance. Mannhardt, Frazer, Hoffmann-Krayer *et alii* ont bien vu cet aspect, mais n'ont malheureusement vu que celui-là; or, ils sont aussi rites de passage.

Ce livre important fut méconnu par les auteurs contemporains. Marcel Mauss en rendit compte dans l'*Année Sociologique* (t. XI, 1906-1909, p. 200-202) en des termes peu élogieux et non sans un peu de mauvaise foi. Il accuse son auteur de ne voir partout que rites de passage, de prétendre que cette « loi » (Van Gennep ne parle que de « schéma ») dominerait toutes les représentations religieuses, qu'elle serait celle du rythme même de la pensée et l'origine des philosophies depuis les Grecs jusqu'à Nietzsche. Sur ce point précis Van Gennep se contente de rapprocher du concept de l'éternel retour la vision de certaines populations (il nomme les Lushei) qui considèrent le schéma de la vie individuelle, non pas comme rectiligne, mais circulaire, allant de la vie à la mort et de la mort à la vie. Si Mauss admet, du bout des lèvres, la notion de rite de passage, c'est pour la taxer de truisme. Il conteste que ces rites comportent nécessairement la séquence établie par l'auteur, séparation, marge, agrégation. Pour finir Mauss l'accuse du défaut inhérent à l'école anthropologique (anglaise) qui est de s'abandonner à des randonnées à travers toute l'histoire et l'ethnographie au lieu de porter l'analyse sur quelques faits typiques étudiés avec précision.

Le jugement de l'école sociologique française était donc sévère. Cette incompréhension s'est tempérée au cours des décennies qui suivirent, mais il n'est pas certain qu'elle ait complètement disparu. Et pourtant *Les Rites de passage* renferment quelques idées passionnantes dont le défaut est d'être mal mises en valeur et insuffisamment développées.

La notion de rite de passage se fonde sur celle de séquence cérémonielle (ou rituelle). C'est peut-être un truisme (comme le penserait Mauss) que de dire qu'un rite doit être exécuté pour mériter son nom, et exécuté en suivant un enchaînement prescrit d'actes. « L'ordre dans lequel les rites se suivent et doivent être exécutés est en soi, déjà, un élément magico-religieux d'une portée essentielle. L'objet principal de ce livre est précisément de réagir contre le procédé « folkloriste » ou « anthropologique », qui consiste à extraire d'une séquence divers rites, soit positifs ou négatifs, et à les considérer isolément, leur ôtant ainsi leur raison d'être principale et leur situation logique dans l'ensemble des mécanismes » (p. 127). Il ne faut pas s'y tromper : il ne s'agit pas tant ici d'insister sur l'importance du contexte ethnographique, du « fait social total », que de mettre le doigt sur l'essence même du rituel, valable aussi bien pour les cérémonies sociales et religieuses que pour les rites individuels de l'obsessionnel. Une prescription impérative pèse sur tout rituel, celle de son inscription dans le temps et dans l'espace, ou plutôt de sa réinscription puisqu'il s'agit de suivre un modèle antérieur donné par le mythe.

Assurément Van Gennep ne s'avance pas jusquelà. Mais avec obstination il revient à plusieurs reprises dans le cours de son livre sur cette notion de séquence, convaincu de son importance : « L'objet du présent livre est tout autre [que de retrouver des rites identiques chez divers peuples]. Ce ne sont pas les rites dans leur détail qui nous ont intéressé, mais bien leur signification essentielle et leurs situations relatives dans des ensembles cérémoniels, leur *séquence...* sous la multiplicité des formes se retrouve toujours, soit exprimée consciemment, soit en puissance, une séquence type : *le schéma des rites de passage* » (p. 275). Quoi qu'en pense Mauss, Van Gennep n'a pas la prétention d'en faire une loi. C'est un schéma heuristique et méthodologique, qui permet d'appliquer un ordre dans la forêt vierge des faits ethnographiques.

C'est l'apport essentiel des *Rites de passage*. Mais on peut y trouver d'autres idées intéressantes, restées malheureusement à l'état de diamants non taillés. Tout rite de passage comporte trois stades successifs : de séparation, de marge, d'agrégation. La découverte de cette succession est bien due à Van Gennep, mais il insiste lui-même à plusieurs reprises sur l'importance du stade intermédiaire dont personne, dit-il, n'avait vu l'importance. Il signale que R. Hertz dans sa « Contribution à une étude sur la représentation collective de la mort » (1) avait fait allusion à ce qu'il appelait « l'état transitoire » de la période qui va du mariage à la naissance du premier enfant et qui répond à une étape semblable subie par les morts à Bornéo. Mais jusque-là le seul souci des ethnologues était de trouver des ressemblances de contenu et non de forme entre les rites. Ces marges ont parfois une telle importance qu'elles acquièrent une certaine autonomie : ainsi les fiançailles qui sont un rite de marge, d'attente entre célibat et mariage comportent parfois elles-mêmes la séquence cérémonielle de séparation, marge et agrégation. Van Gennep ne développe pas davantage cette notion. Il se contente d'en souligner la nouveauté, l'importance et la fonction : « Cette interprétation permet de s'orienter aisément, par exemple, dans la complication des rites préliminaires au mariage, et de comprendre la raison d'être de leurs séquences » (p. 275).

Un autre point souligné par Van Gennep et dont l' « invention » lui appartient entièrement,

(1) *Année Sociologique*, 1907.

concerne l'importance, dans ces rites, du *passage matériel*. C'est un point qu'il développe un peu plus puisqu'il y consacre le premier chapitre de son livre, mais il a des difficultés à le fonder théoriquement de manière très sûre, quoique son intuition à ce propos soit tout à fait convaincante. Pour lui le passage dans les diverses situations sociales s'identifie au passage matériel, entrée dans un village ou une maison, passage d'une chambre à l'autre, à travers les rues et les places. C'est pourquoi le rite de passage s'exprime très souvent par le passage sous un portique ou par une ouverture des portes. Van Gennep ajoute : « Il ne s'agit là que rarement d'un « symbole » ; le passage idéal est proprement pour les demi-civilisés un passage matériel » (p. 276). En effet les divers groupes qui forment la société dans son ensemble sont, chez les « demi-civilisés », séparés matériellement : les enfants vivent avec les femmes jusqu'à un certain âge ; les adolescents vivent parfois ensemble loin des gens mariés ; les guerriers vivent à part des forgerons ; les Juifs étaient en Europe enfermés dans leurs ghettos, etc. « Le changement de catégorie sociale implique un changement de domicile, fait qui s'exprime par les rites de passage sous leurs diverses formes » (p. 276). Il s'agit donc d'une expression, qui est rarement un « symbole » (les guillemets sont de Van Gennep). On voit bien en effet que le rite de passage soit essentiellement un passage matériel ; en quel sens Van Gennep peut-il affirmer que c'est rarement un symbole, c'est ce qu'il est difficile de comprendre d'après son texte. Sans doute oppose-t-il matériel à symbolique dans le sens concret-abstrait, effectif-virtuel, etc. Mais cette notion mériterait d'être développée.

On a dit que la découverte de la notion de rite de passage ne fut pas accueillie avec beaucoup d'enthousiasme par les contemporains de Van Gennep. Même de nos jours on voit mal son importance parce qu'elle est si bien entrée dans le vocabulaire et la pratique des ethnologues qu'ils n'en connaissent parfois plus l'inventeur et n'en mesurent plus la fonction exacte. Celle-ci est de nature heuristique. Van Gennep le savait parfaitement, même s'il ne l'a pas toujours exprimé bien adéquatement. C'est un « schéma », dit-il, et en tant que tel, sa fonction est de s'appliquer aux faits concrets pour les ordonner et les classer : « ... la présente systématisation n'est pas une pure construction logique, mais elle répond à la fois aux faits, aux tendances sous-jacentes et aux nécessités sociales » (p. 269).

Tous les travaux ultérieurs (ou presque) de son auteur en seront la démonstration. C'est de là qu'il faut dater le « pivotement » de Van Gennep vers l'ethnographie de la France et le folklore. C'est en effet ce schéma qui lui permettra d'introduire un ordre et une intelligibilité dans la complexité, l'émiettement, l'incohérence apparente (et décourageante) des faits folkloriques. Il en donne la preuve immédiate : en 1910 il publie un article dans la *Revue de l'Histoire des Religions* (t. 62, p. 37-55, 183-217, 322-355), intitulé « De quelques rites de passage en Savoie ». Il y revient en quelques mots rapides sur ce qu'il appelle sa « méthode des séquences » à propos du sens qu'on doit donner à un rite d'aspersion dans la cérémonie du mariage. Pour lui un rite d'aspersion n'a aucun sens en lui-même. En effet si l'on isole un rite « ... du contexte cérémoniel, on est conduit à proposer des schémas d'évolution extérieurs à la réalité et construits *in abstracto* ; au lieu qu'à considérer chaque rite d'après la place qu'il occupe dans chaque séquence cérémonielle, on arrive à découvrir pourquoi ce rite, restant identique à lui-même, change pourtant de sens interne selon qu'il en précède ou en suit tel autre. Le rite des aspersions n'a pas un sens particulier à l'état isolé, mais il a un sens de fécondation dans les rites du mariage, un sens de propitiation aux djinns dans les cérémonies de l'enfance en Égypte, où on leur jette des grains, des pois, du sel « pour les nourrir » ; il a ailleurs un sens de purification parce que des grains menus sont assimilés à de l'eau ; et il peut avoir encore bien d'autres sens divers selon que les objets qu'on jette possèdent localement des propriétés magico-religieuses spéciales » (p. 207). N'oublions pas que ceci a été écrit en 1910. A la page précédente on voit Van Gennep écarter fermement l'interprétation historique. L'aspersion avec des noix faisait partie du rituel du mariage chez les Romains ; ce n'est pas une raison pour voir dans le cérémonial savoyard un emprunt ou une survivance. C'est en effet un rite dont la diffusion est universelle, comme Mannhardt et Frazer l'ont montré ; donc l'interprétation historique est sans valeur puisqu'il peut s'agir aussi bien d'un hasard de répartition que d'une filiation directe. Seule la mise en place dans le contexte cérémoniel actuel peut fournir un sens.

Dans les notes restées inédites et destinées à la

conclusion du *Manuel de folklore français contemporain*, rédigées dans la dernière partie de sa vie, Van Gennep est toujours aussi convaincu de la justesse et de la nécessité de ce schéma de rite de passage. Bien qu'il reste toujours modeste et sobre dans son expression, son ton frappe cependant par sa fermeté et sa conviction. On peut en juger par ces lignes : « ... Ce qui diffère, selon les peuples et leurs civilisations au sens large du mot, ce ne sont donc pas les principes fondamentaux, mais les techniques d'exécution. On pénètre alors dans un monde touffu, où les détails semblent enchevêtrés ou accumulés au petit bonheur tant que le document n'est pas minutieux. Mais quand il l'est, on voit surgir le scénario dramatique avec autant de netteté que le scénario d'une pièce de théâtre quelconque. Il y a toujours un commencement (je ne dis pas une origine), un milieu et une fin. C'est l'évidence même. Mais comment se fait-il que cette évidence n'ait pas été comprise par les folkloristes beaucoup plus tôt et qu'ils n'aient pas tâché, en sériant les faits observés, de montrer comment s'agençaient ces stades inéluctables ? »

Non seulement Van Gennep maintient la pertinence de ce schéma, mais il lui donne un champ d'application beaucoup plus vaste parmi les activités humaines, y voyant comme un moyen d'expression « dramatique » : « ... J'ai tenté dans mes *Rites de passage* de montrer, non seulement que les mêmes conditions déterminent soit au cours de la vie, soit au cours de l'année, soit enfin au cours de périodes cycliques plus ou moins longues des expressions qui non seulement sont parallèles, mais qui surtout se succèdent partout et toujours, quelle que soit la période de sa civilisation, dans un certain ordre et que cet ordre est immanent aux choses mêmes, c'est-à-dire aux rapports des individus entre eux et avec leur type de société. Pour simplifier, j'ai nommé cette nécessité la loi des séquences. Elle s'exprime par des rites dans certains cas et dans d'autres par la poésie, la musique, et même, en un sens par la peinture et la sculpture. On peut aller du simple au complexe, ou inversement : le problème reste le même. Il faut arriver à classer un individu dans son milieu ou suggérer au spectateur la série des émotions voulues. »

Déjà dans *La Formation des légendes* (voir p. 63), il avait abordé ce problème de la dramatisation des récits : certains rites mettent en acte des mythes qui en sont en quelque sorte les scénarios. Il examinait rapidement l'évolution de ce que l'on peut appeler le « drame » (dans un sens qui serait proche de celui du mot grec) depuis les rites d'initiation et les mystères jusqu'au théâtre moderne. Sans doute n'était-ce pas son propos, mais on peut regretter qu'il se soit contenté d'indiquer, çà et là, le champ d'application de cette loi des séquences.

DEUXIÈME PARTIE

1 MÉTHODOLOGIE DU FOLKLORE

Il est artificiel de tracer un trait à l'intérieur d'une œuvre, comme nous le faisons dans celle de Van Gennep en séparant aux environs de la guerre de 1914 sa production proprement ethnologique de ses préoccupations folkloriques qui allaient devenir exclusives. En fait, concurremment aux théories générales, il s'intéressa très tôt à l'ethnographie française : dès 1909 il lançait des questionnaires sur le folklore de l'Auvergne et du Velay, pendant qu'il faisait des enquêtes directes en Savoie. Mais il est certain qu'après la publication de *L'État actuel du problème totémique* (1920), il abandonne l'étude des problèmes généraux de l'ethnologie pour s'attacher exclusivement à l'ethnographie de la France. Cette période coïncide certainement avec un « creux » de l'ethnologie et de la sociologie françaises qui avaient subi de lourdes pertes du fait de la guerre : une partie de la jeune génération qui commençait à publier des travaux prometteurs en fut la victime, tels Robert Hertz, Maxime David, Antoine Bianconi, Jean Reynier, R. Gelly, Henri Beuchat.

Il fallut plusieurs années avant que l'enseignement de Marcel Mauss formât une nouvelle génération d'ethnologues. C'est dans cette sorte de vacance que Van Gennep se consacre définitivement et totalement à l'ethnographie française, champ encore plus vide que l'ethnologie traditionnelle, qui avait besoin qu'on lui fournit des cadres et des techniques de travail. En effet, le XIXᵉ siècle et la première partie du XXᵉ avaient vu se déployer le zèle de chercheurs, de curieux, d'érudits et de notables de province, mais d'une façon souvent brouillonne et dans une perspective entachée de ce que Van Gennep appelle « cette maladie psychique et méthodologique » : la méthode historique. Il manquait à l'ethnographie française des techniques de travail et des cadres scientifiques pour classer et organiser la masse des faits déjà recueillis. Van Gennep les lui fournit ; il mit également sur pied les moyens de recueillir les faits vivants : obtention et notation.

En 1924 il publie un petit volume intitulé *Le Folklore* où il examine l'histoire, l'objet et les méthodes du folklore. Il emploie ce terme, mais dès 1914 il a levé toutes les hypothèques qui pèsent sur celui-ci en déclarant : « le folklore est l'ethnographie des populations rurales de l'Europe, pas autre chose » (1). Les anciens folkloristes s'occupèrent d'abord des contes de fées et autres récits merveilleux, puis s'aperçurent que ceux-ci comprenaient des restes de croyances et de coutumes dont l'étude entra ainsi dans leur domaine. Une extension « en largeur » y fit entrer les légendes des saints, les chansons, les cérémonies, l'art

(1) *Religions, Mœurs et Légendes*, 5, p. 19.

populaire, etc. En fait, le domaine du folklore, c'est un élément particulier de la vie sociale : le populaire. Ses productions sont collectives : ainsi peut-on opposer les œuvres de la littérature savante dont on connaît les auteurs, aux contes, légendes et mythes. Ceux-ci, s'ils n'ont pas d'auteur connu, ne sont cependant pas œuvre collective. Les productions populaires se font à l'aide d'éléments constitutifs généraux, communs, collectifs, mais sont l'œuvre d'un individu. Il est très rare de retrouver la trace de celui-ci ; il est parfois possible de découvrir le point de départ ou la source de cet ensemble d'éléments collectifs auxquels il a fait appel. « Car le problème essentiel, dans le folklore comme dans les autres branches de la sociologie, c'est de déterminer, avec le plus d'exactitude possible, dans chaque cas particulier, le rapport de l'individu et de la masse » (p. 25). L'invention et même la transformation sont phénomènes individuels. Les auteurs des productions collectives restent le plus souvent anonymes et inconnus. On peut parfois délimiter approximativement leur époque et leur milieu géographique : ainsi l'inventeur du pas-de-vis que Van Gennep place au début du deuxième Age du Fer et localise en Champagne. C'est là une invention véritablement populaire et collective car son mécanisme étant à la fois simple et aisément applicable, il devint très rapidement un bien commun.

On voit que sur ce point la doctrine de Van Gennep est restée la même : les productions populaires ne sont pas collectives et dire de certains éléments qu'ils sont communs et collectifs ne signifie pas qu'ils sont d'invention collective.

Le deuxième point sur lequel il est toujours aussi ferme, concerne les rapports du folklore et de l'histoire. Le premier peut avoir à considérer des faits anciens, mais c'est seulement pour tenter de retrouver les antécédents d'un fait actuel ou même « naissant » (voir p. 46). Car le domaine du folklore, c'est le vivant ; en ce sens c'est une science biologique. S'il n'accepte pas l'histoire, Van Gennep a cependant besoin d'un processus diachronique, mais il va en chercher le fonctionnement dans la psychologie collective. En effet les coutumes, dont l'étude relève du folklore, forment « les vrais anneaux de cette « chaîne traditionnelle » qui constitue l'élément constant de la vie nationale considérée dans son ensemble » (p. 28-29). Là encore il ne va pas plus avant, sans doute parce qu'il ne dispose pas de l'instrument commode que représente l'opposition synchronie/diachronie.

Le champ du folklore n'inclut pas tous les groupes sociaux ; il concerne les paysans, la vie rurale et les traces de celle-ci qui peuvent encore subsister dans les milieux urbains. Dans le *Manuel de folklore français contemporain*, il nuance cette position (1). Il est certain que les coutumes et les traditions présentent une plus grande persistance dans les campagnes que dans les villes. Cependant il existe un folklore proprement urbain, mais il est plus difficile à observer et il est le fait de certaines catégories sociales, les ouvriers et les petits-bourgeois en particulier. Son milieu d'origine étant tellement différent, de même que son but et ses formes, il est impossible de le mettre sur le

(1) Tome premier, I, p. 54-55.

même plan que le folklore rural. En effet ce dernier joue un rôle de cohésion sociale ; ce n'est pas le cas pour le folklore urbain qui se présente à l'état de « miettes », comme le disait Sébillot, de fragments épars. Van Gennep laisse supposer que cet aspect inorganisé provient de la nature même du folklore urbain, mais il ne se prononce pas clairement là-dessus et l'hypothèse la plus plausible expliquerait son apparence émiettée par un phénomène de décadence et de disparition. Dans le *Manuel*, Van Gennep ajoute au milieu rural le milieu maritime (folklore des pêcheurs en particulier), celui des écoliers, des conscrits et des militaires. Il note aussi comme un fait d'observation que les femmes paraissent plus portées à connaître et à conserver les traditions que les hommes, mais il ne veut pas en faire une loi générale.

Avant d'aborder les problèmes méthodologiques, Van Gennep énumère, dans son petit livre sur le folklore, le champ d'application de celui-ci. « Le domaine que j'assigne ici au folklore est bien plus étendu que celui qu'avaient admis les premiers « traditionnistes », qui ne regardaient comme « transmis par la tradition » que les contes et légendes, les chansons, les croyances et observances, les pratiques de sorcellerie, etc. Le progrès de notre science nous a contraints d'y ajouter l'étude de toutes les cérémonies, des jeux et des danses, du culte populaire des saints, de la maison et du village, des ustensiles de ménage, des outils de toute sorte, des arts mineurs et majeurs, des institutions créées par le peuple ou survivant de périodes anciennes, enfin des manières de sentir et de s'exprimer qui différencient le « populaire » du « supérieur » ; et il ajoute : « Parallèlement nos méthodes sont devenues à la fois plus étendues et plus précises » (p. 30-31).

Ces méthodes, quelles sont-elles, se différencient-elles de celles de l'ethnographie, telles que Van Gennep les définissait dans la première partie de son œuvre ?

La méthode d'observation vient en premier lieu, puisque le folklore s'applique aux faits vivants et actuels. La méthode historique sert à déterminer les antécédents de ces faits, mais, une fois de plus, Van Gennep met en garde contre la « manie » historique, l'attitude folklorique étant précisément à l'opposé de ce point de vue. Elle exige un « pivotement psychique » destiné justement à écarter la tendance historique. La position du folklore est par conséquent très ambiguë par rapport à l'histoire : il ne s'occupe que des faits actuels et vivants, mais il veut replacer ceux-ci dans la « chaîne traditionnelle » ; il faut donc en retrouver les antécédents qui formeront les maillons antérieurs de la chaîne et, s'il ne connaît pas les maillons postérieurs, le folkloriste sait qu'il y en aura et que la série s'augmentera. « La sensation folklorique est donc que le fait observé contient des possibilités en germe alors que le fait historique donne la sensation que toutes les possibilités de ce fait sont déjà exprimées » (p. 35). Le matériau du folkloriste, c'est le vivant et par définition le vivant n'a pas seulement un passé, mais aussi un avenir, c'est-à-dire que tout fait folklorique comporte un élément statique et un élément dynamique. Dans cette perspective « la multiplicité des formes et celle des facteurs (ou des causes si l'on préfère), loin d'être un embarras ou un obstacle, procurent le plaisir intellectuel supérieur qui consiste à mettre, par le raisonnement et la connaissance, de l'ordre dans un chaos apparent » (p. 36). D'où le défaut des travaux des folkloristes anciens (et même contemporains puisque Sébillot est nommé) qui se contentent de collectionner des faits curieux parce qu'ils y voient des survivances, des concrétions sans vie laissées par les siècles passés. Pour Van Gennep la discipline la plus proche du folklore, c'est la linguistique ; là encore on mesure tout le modernisme de sa réflexion. En effet « les linguistes savent que chaque langue, tant générale que spéciale, est en état incessant de transformation » (p. 38). Sans doute ne va-t-il pas jusqu'à supposer que les transformations socio-culturelles se font, en un sens, suivant le même modèle que les transformations linguistiques. Il note seulement l'intérêt théorique des linguistes pour le folklore et l'intérêt pratique des folkloristes pour la linguistique, en particulier la dialectologie.

L'autre instrument méthodologique du folklore, c'est la méthode comparative. Van Gennep n'ajoute rien de nouveau à l'exposé de cette méthode (voir p. 46 et suiv.), sinon une mise en garde : il ne faut pas comparer à tort et à travers, on ne peut comparer que des faits de même catégorie. Sans distinguer, apparemment, les niveaux théorique et pratique, il énumère alors les techniques du folklore : l'enquête directe, les questionnaires, la cartographie. Ces questions trouveront un développement plus ample dans le *Manuel*.

Une préoccupation nouvelle apparaît chez Van Gennep dans ce même volume ; elle concerne le classement des faits recueillis et elle provient de la mise en chantier et du développement de ses enquêtes en France. Il s'agit non seulement de classer les documents recueillis, mais aussi de connaître les cadres établis par les anciens chercheurs pour mieux observer les faits et en recueillir davantage. La nature des faits sociaux commande la nature des cadres qui leur conviennent. Ils se présentent comme des « volumes à facettes » ; pour les décrire, il faut considérer chacune de leurs facettes successivement et dans un certain ordre : « On peut commencer où l'on veut ; mais ensuite cet ordre doit être maintenu » (p. 46). Il appelle « cadre » l'énumération de ces facettes et en examine trois occurrences : celui du *Folklore de France*, de Paul Sébillot, celui du Manuel de la Société anglaise de folklore et celui de la Bibliographie folklorique de Hoffmann-Krayer. Ils présentent tous des défauts ; le dernier a le mérite d'être plus complet et surtout plus souple, de pouvoir se prêter, par conséquent, aux modifications que demandent parfois les faits. « Il faut toujours, autant que possible, se laisser guider par la réalité observée et ne considérer les classements scientifiques que comme un meuble à tiroirs qu'on peut améliorer conformément aux besoins nouveaux. C'est pourquoi je n'ai pas parlé ici de *classement*, mais seulement de *cadres* » (p. 51). Là encore l'empirisme de Van Gennep a le dernier mot.

Ce mince volume marque une étape importante dans les travaux de Van Gennep. Il montre qu'à cette date il a mis au point la méthodologie qui lui permettra de mener à bien, d'une part les monographies qu'il consacre à diverses provinces françaises :

Dauphiné (1932-33), Bourgogne (1934), Flandre et Hainaut (1935), Auvergne et Velay (1942) ; d'autre part le *Manuel de folklore français contemporain* qui concerne l'ensemble du domaine français ainsi que les problèmes de théorie et méthodologie du folklore.

Trois de ces monographies furent publiées chez Maisonneuve dans la collection intitulée « Contributions au folklore des provinces de France », fondée par Van Gennep lui-même et destinée selon lui non pas à fournir l'étude complète d'une région, mais à « situer dans la catégorie qui leur convient les faits inédits obtenus, en les commentant comparativement et tout en leur appliquant dans certains cas un contrôle historique ». Il se refuse à en faire des travaux clos sur eux-mêmes ; l'important pour lui est d'élaborer les cadres dans lesquels les faits viendront prendre place ; en effet ceux-ci sont innombrables et leur quête n'est jamais terminée puisque le folklore s'applique au vivant qui se renouvelle sans cesse.

Ces monographies se conforment à un même plan de présentation, qui sera aussi celui du *Manuel de folklore français contemporain* : malheureusement l'exécution de celui-ci fut interrompue par la mort de son auteur. Après l'exposé des méthodes de collecte (enquête directe, questionnaire) et le rappel des travaux précédents, vient la première partie qui concerne le cycle de la vie individuelle ; la seconde s'attache aux cérémonies périodiques. Toutes deux utilisent le schéma théorique des rites de passage. Ensuite viennent le culte des saints, la médecine populaire et la magie, la littérature populaire, les jeux ; l'importance, parfois

93

même la présence ou l'absence, de chacun de ces chapitres étant fonction de la physionomie de la région et des documents. On s'aperçoit que le champ couvert par ces monographies ne coïncide pas exactement avec le domaine que Van Gennep désignait au folklore dans son petit volume (voir p. 86) : il y manque en particulier toute l'étude des instruments, des techniques et des arts. Il s'était pourtant montré un excellent technologue lors de ses enquêtes en Algérie en étudiant les poteries kabyles ; mais on a vu qu'il se montrait très réticent envers les objets qualifiés de « témoins desséchés » et que les processus psychiques de production et de fabrication l'intéressaient beaucoup plus (voir p. 67).

C'est dans *Le Folklore* (1924) que Van Gennep justifie l'application de son schéma des rites de passage à l'ethnographie des sociétés rurales. Les cérémonies qui jalonnent le déroulement de la vie individuelle et celui de l'année « comportent toujours la transition d'un stade ou d'une étape à une autre et sont constituées toutes sur un même plan, selon un schéma plus ou moins simple et rectiligne » (p. 90). Il prend pour exemple les cérémonies du mariage dont le but est de réunir deux individus et deux familles ou groupes restreints qui, auparavant séparés, se rapprochent progressivement jusqu'à former une nouvelle « cellule ». On retrouve ce schéma chez toutes les populations du monde : « Ce qui diffère, ce sont les formes, les détails, les symboles, mais non l'armature interne » (*ibidem*). En France, et dans les sociétés rurales occidentales, les rites de passage présentent une assez grande complexité en raison de la prégnance de la religion chrétienne. Dans les cas les plus simples, on trouve d'une part des cérémonies religieuses, de l'autre des cérémonies profanes. Ainsi la plupart des rites agraires pré-chrétiens ont été insérés dans le calendrier religieux : par exemple ceux qui marquaient les solstices d'été et d'hiver ont été, selon toute vraisemblance, transposés dans les fêtes de la Saint-Jean et de Noël. On trouve d'autre part des rituels agricoles purement profanes : ainsi la coutume vivace dans presque toute la France de conserver la dernière gerbe de la moisson d'une année à l'autre en l'ornant parfois de rubans. Mais la plupart du temps les séquences cérémonielles sont mêlées d'éléments chrétiens et d'éléments qu'on peut appeler profanes, pré-chrétiens, païens. Dans certaines régions s'est conservée la coutume d'un repas funéraire auquel tous les membres de la famille assistent après l'enterrement, coutume qui existait chez les anciens Romains et qui n'a rien de chrétien, bien que la cérémonie elle-même des funérailles soit chrétienne.

Les rituels agraires ont été intégrés très tôt dans les cérémonies de l'Église et ils ont conservé leur caractère calendaire : le cycle de printemps s'est inséré dans les cérémonies de Carême et de Pâques, celui de l'été dans celles de Saint-Jean et de l'Assomption, celui de l'hiver dans les Douze-Jours (de Noël à la fête des Rois). Mais l'assimilation ne s'est pas faite toujours totalement : de nombreux éléments marginaux ont réussi à échapper aux cadres chrétiens.

En ce qui concerne les croyances populaires, la position de Van Gennep est assez indécise à cette époque. Les croyances s'expriment par les cérémonies et elles sont pour la plupart des adaptations chrétiennes de croyances préhistoriques. Celles qui n'ont pas été revêtues d'un vernis chrétien ont été combattues par l'Église : mises en pratique, elles constituaient la magie et la sorcellerie. Cette dernière ne comprend pas que des survivances : « C'est un domaine où au contraire on constate un grand degré d'invention technique pendant le Moyen Age et une forte tendance à la constitution d'une véritable science orthodoxe chrétienne » (p. 92). Ce système s'est désagrégé au cours des siècles et il ne reste plus maintenant qu'une « poussière de faits ».

Aux yeux de Van Gennep, il n'y a pas de différence, dans le mécanisme psychique et les procédés, entre la magie et la religion. Leurs principes fondamentaux sont les suivants : vertu du contact, identification par absorption, pouvoir direct de la parole (charmes, incantations), croyance à l'action du semblable sur le semblable, du contraire sur le contraire, symbolisme simple ou complexe et surtout raisonnement par analogie.

Entre ce petit volume sur le folklore et le monument inachevé que constitue le *Manuel de folklore français contemporain*, s'intercalent — on l'a dit — les monographies que Van Gennep consacre à diverses régions de France. Elles lui permettent tout d'abord de mettre en pratique les cadres et les techniques de recherche qu'il a élaborés et d'en vérifier la validité ; elles le contraignent en second lieu à constituer une documentation considérable à l'aide de diverses méthodes : compilation des sources déjà publiées suivie de leur contrôle, enquêtes directes, envois de questionnaires généraux, vérification de points de détail restés imprécis ou comblement des lacunes. Il s'astreint à une grande minutie dans les indications géographiques : un canton délimite souvent une unité psychique collective ancienne et on observe des variantes dans les croyances et les coutumes en passant d'un de ces petits territoires à un autre. Il devient toujours plus prudent dans ses interprétations ; il se méfie en particulier de l'interprétation passe-partout par la survivance pré-chrétienne, alors qu'auparavant il l'avançait volontiers pour expliquer les éléments non chrétiens d'une cérémonie religieuse. On ne peut y recourir que si l'on a des points d'appui solides. D'autre part on s'aperçoit parfois qu'un même rite peut s'interpréter de diverses manières. Il est nécessaire d'analyser, non plus les généralités, mais ce qu'il appelle les « concomitantes limitées », sans bien définir le terme. Il s'agit sans doute de la généralisation de sa méthode des séquences dans l'étude des rites ou des cycles thématiques pour la littérature orale (voir p. 53-54). Il emprunte une comparaison à la médecine : en présence d'une forte fièvre chez un malade, le médecin ne pourra déterminer la maladie en cause ; il a besoin que se déclarent d'autres symptômes « concomitants » pour qu'un tableau clinique se dessine, paludisme, typhoïde, scarlatine, etc. « Tant que les concomitantes manquent, il faut réserver le diagnostic et présenter les faits tels qu'on les donne, en montrant que, sur la base des connaissances comparatives venues

Arnold Van Gennep. 4

d'ailleurs, et souvent de très loin, plusieurs interprétations sont possibles (1). » On mesure le retrait par rapport à la méthode comparative préconisée durant la décennie 1904-1914.

(1) *Le Folklore de la Flandre et du Hainaut français* (1935), préface, p. 10.

2

LE MANUEL DE FOLKLORE
FRANÇAIS CONTEMPORAIN

Cette œuvre immense quoique inachevée se proposait, selon son auteur, non seulement de présenter en les classant les faits déjà connus ou inédits, mais aussi de « fournir aux chercheurs futurs des notions générales sur le sens interne du folklore, sa place parmi les autres sciences de l'Homme, ses méthodes d'observation et d'interprétation, ses possibilités d'avenir » (1). Il est inutile de dire qu'il n'existait aucun traité de ce genre pour la France ; aussi a-t-il fallu « dans toutes les provinces et dans toutes les directions, recourir aux sources documentaires originales, prendre les petits faits un à un, étudier de près leurs rapports et mettre en valeur ces rapports bien plus que les faits même » (p. ix-x). Van Gennep insiste sur cette notion de rapport ; deux pages plus loin il déclare : « ... Le *Manuel* considère les faits non pas isolément, mais quant à leurs rapports psychiques et sociaux... Même quand ces rapports ne sont pas expressément signalés, ils existent en profondeur ; le lecteur est prié de bien comprendre que ce

(1) Tome premier, préface, p. vi.

substratum, pour parler en doctrinaire, constitue l'essence même des phénomènes étudiés » (p. XI). Sans doute ces prémisses théoriques ne s'expriment pas très clairement. Il faut y voir, sans doute, le souci qu'a Van Gennep de ne pas isoler un fait de son contexte socio-culturel qui seul peut lui donner un sens ; ce *substratum* se comprend alors comme étant constitué par les réseaux complexes de toutes les relations des phénomènes entre eux ; et le lecteur est prié de ne pas prendre le découpage auquel contraint la présentation des faits, pour des disjonctions entre les phénomènes eux-mêmes.

L'ordre du *Manuel* n'étant pas très clair, il est sans doute nécessaire d'en expliquer l'armature. Il devait comporter quatre tomes, dont le second n'a pas vu le jour. Les troisième et quatrième ont paru les premiers, en 1937 et 1938 respectivement ; ils comprennent une série de questionnaires, la liste des provinces et pays et une bibliographie méthodique et critique suivie d'un index des noms d'auteurs et des provinces. De 1943 à 1958, parurent six volumes constituant le tome I et consacrés au rituel de la vie individuelle et aux cérémonies périodiques cycliques — le dernier, traitant du cycle des Douze-Jours, est posthume. Le plan de la bibliographie est le même que celui qui fut adopté dans le *Manuel*. On peut donc mesurer les lacunes de celui-ci, qui sont dues à la disparition de son auteur ; le tome II aurait traité des sujets suivants : les cérémonies dont les dates sont variables et celles dont les dates sont fixes ; le culte de la Vierge et des saints ; le folklore de la nature (ciel, terre, eaux, flore, faune, corps humain) ; la magie et la sorcellerie, la médecine populaire ; les êtres fantastiques ; la littérature populaire mouvante et fixée ; la musique et les chansons ; les jeux, jouets et divertissements ; le folklore social et juridique ; le folklore domestique ; les arts populaires. Le projet était démesuré et sans doute irréalisable. Il faut se féliciter que Van Gennep ait pu mener à bien la partie la plus neuve, la plus originale, celle qui avait été le plus délaissée par les anciens folkloristes.

Van Gennep insiste beaucoup sur le fait que son ouvrage est un manuel et non un traité descriptif. On y trouvera donc des outils de travail : une bibliographie méthodique classée thématiquement et géographiquement ; des exemples de questionnaires destinés aux enquêtes sur le terrain ; des méthodes pratiques de classement et de notation des faits recueillis. En ce qui concerne l'aspect théorique du folklore, le cadre général proposé par l'auteur permet d'intégrer n'importe quel fait de découverte récente et laisse apparaître les lacunes laissées par les anciens chercheurs, d'où la possibilité d'orienter les travaux contemporains en vue de combler celles-ci.

Le premier tome est précédé d'une longue introduction théorique qui confirme la plupart des principes affirmés dans le petit volume intitulé *Le Folklore*, mais en leur donnant beaucoup plus d'ampleur. Cette introduction témoigne de la maturité d'un chercheur rompu à la pratique du travail de terrain. On va tenter maintenant de mesurer le chemin parcouru depuis 1924.

Avant de définir ce qu'est le folklore, Van Gennep examine les noms qui ont désigné cette discipline au cours des âges, les avantages et inconvénients de chacun. On sait que le terme fut inventé en 1846 par l'Anglais W. J. Thoms pour remplacer les désignations anciennes qui sous-entendaient un jugement de valeur : *popular antiquities, vulgar and common errors* en Angleterre, *superstitions* en France. La neutralité de *folk-lore* n'est cependant pas exempte d'ambiguïté : *folk* signifie « peuple » et *lore* « connaissance, science ». La question qui se pose alors et que ne manque pas de poser Van Gennep est de savoir si c'est le savoir que nous avons du peuple ou celui que le peuple a de la nature et du monde. Selon lui c'est dans le second sens qu'il faut comprendre *Le Folklore de France* de Sébillot qui y rapporte les notions populaires sur le ciel, la terre, la mer, les eaux, la flore, la faune, l'histoire. Quant à lui, il déclare prendre le terme dans la première acception : « étude, connaissance, science du peuple ». Certains folkloristes allemands ont voulu distinguer de la même manière *Volkskunde* et *Volkslehre*. Théoriquement le problème n'est pas aussi byzantin qu'il le paraît. En effet la matière du folklore constitue bien un savoir au sens le plus strict du mot ; l'opposer, comme on l'a souvent fait, à la Science, vouloir démontrer que leur développement suit une raison inverse l'un par rapport à l'autre, ne mènent qu'à des impasses.

En fait il importe peu que Van Gennep ne veuille pas donner le statut d'un savoir aux faits qu'il rassemble, parce qu'il agit comme si c'était le cas.

C'est un peu à contre-cœur qu'il accepte le terme de folklore ; tous les termes français présentent encore plus d'inconvénients et « la langue anglaise nous a emprunté assez de mots depuis la conquête normande jusqu'au milieu du xviie siècle pour que nous lui rendions un peu la pareille »! A cette date, il ne s'insurge plus contre la dichotomie traditionnelle entre ethnographie (ethnologie) ou étude des peuples non Européens, exotiques, non civilisés, primitifs — comme l'on voudra — et *folklore* ou étude des populations rurales actuelles de l'Europe. En 1911 (1) il dénonçait cette incohérence, en notant que seule la Russie a jugé cette distinction inutile « car il y saute trop vivement aux yeux qu'une science ne peut changer de nom selon qu'elle s'occupe du paysan russe ou du paysan finlandais, ou mordvine, ou tatar, et tout simplement parce que leur type racial et leurs langages diffèrent ». Trente ans plus tard, il accepte implicitement l'état de choses qui fait le départ entre folklore et ethnographie. Un état de fait qui persiste malgré son absurdité apparente fonde son existence en droit, même s'il est difficile d'en déterminer exactement les causes.

Avant de définir la chose elle-même, il en explore les confins. On s'aperçoit alors qu'il est très expansionniste en théorie, mais qu'il sait s'incliner devant la réalité. La linguistique devrait appartenir tout entière au folklore : phonétique, morphologie, syntaxe, sémantique, « puisqu'il s'agit de phénomènes collectifs populaires ». Alors que l'étude des techniques, des métiers et des outils lui appartenait encore au xviiie siècle, le siècle suivant accompagné de l'essor industriel que l'on sait élimina le folklore pour constituer l'économie

(1) *Titres et travaux*, p. 9.

politique. L'histoire le tint en mépris durant la même période (pour ce qui est des faits contemporains). La science des religions garde des liens étroits et obligés avec le folklore : « il n'y a pas une seule de nos sections, fût-ce la section spécialement technologique, qui ne manifeste à un moment ou à un autre de la vie industrielle et collective l'action de la croyance, ou l'adjonction à des actes techniques d'autres actes qui se fondent sur une croyance particulière » (p. 15). La psychologie a fait des progrès grâce à la méthode comparative ; Van Gennep pense ici à Lévy-Bruhl et accepte avec lui que la mentalité populaire se distingue de la mentalité scientifique par son usage du raisonnement analogique et du raisonnement par participation. Quant à la géographie humaine qui recouvre une partie du champ folklorique, elle se trompe en prenant la terre pour point de départ, car c'est l'Homme qui est essentiel, alors que le sol et le climat ne constituent que des facteurs secondaires. En revanche la sociologie a les rapports les plus étroits avec le folklore, « à tel point que, tout bien considéré [...] il faut considérer la science des mœurs et des coutumes comme appartenant en entier à la sociologie » (p. 19). Il faut aussi lui rattacher une jeune science, la sexologie, en observant qu'en dépendent en partie les cérémonies des fiançailles et du mariage, les rites de fécondation, certaines pratiques de médecine populaire (1).

Pour caractériser positivement le folklore, Van

(1) Rappelons que c'est Van Gennep qui a traduit les *Études de psychologie sexuelle* d'Havelock Ellis entre 1912 et 1935.

Gennep dit tout d'abord que c'est une science biologique, car son objet d'étude est un être vivant. C'est une idée qui n'est pas nouvelle chez lui (voir p. 21-22), mais dans le *Manuel* il dissipe la méprise de certains critiques qui l'ont compris dans le sens transformiste ou évolutionniste. Le terme de biologie signifie seulement à ses yeux « ce qui concerne la vie ». En effet, on a vu à plusieurs reprises qu'il s'agissait pour lui d'opposer par là l'étude des faits vivants à celle des faits morts, c'est-à-dire passés, et la méthode biologique à la méthode historique. Il y insiste de nouveau : « Il ne s'agit pas ici d'une théorie, ni d'un système, mais d'un *angle d'observation* qui fait voir tout autrement les faits de folklore et d'ethnographie que si on les considère sous l'angle mécaniste ou sous l'angle historique, et qui permet de subordonner les milliers de détails apparents, morphologiques, à l'étude des agents vivants et des fonctions sociales. Il permet aussi de ne plus regarder la multiplicité des variations de détail dans le temps et l'espace comme une aberration ou comme une difficulté, mais comme une norme inéluctable et comme l'expression de lois générales que notre science a précisément pour but de formuler avec une souplesse qui corresponde aux conditions réelles, actuelles, biologiques » (p. 20). Cette position n'est pas nouvelle chez lui. Le fait de considérer que l'objet du folklore est constitué par des faits vivants, ne peut donner lieu à aucune théorie préalable, ni à rien de dogmatique. Il le souligne lui-même : c'est un *angle d'observation*. Il met donc au premier plan la collecte des matériaux vivants, c'est-à-dire dans leur actualité et leur dynamisme, ce qui exclut les « angles » historique et mécanique. Il y voit deux avantages. En premier lieu il est possible par là de maîtriser la multiplicité des détails tels qu'ils apparaissent à l'observateur, car celui-ci sait qu'ils sont la conséquence des dynamismes sociaux. Il peut en second lieu maîtriser également les variations qui apparaissent à travers le temps et l'espace, sans devoir en faire des anomalies : des lois existent, qu'il s'agit de découvrir dans les faits actuels et qui permettront d'intégrer dans un processus cohérent les faits anciens. Pour employer une terminologie plus moderne, il s'agit de réduire les faits diachroniques d'apparence incohérente par le moyen des processus sociaux découverts dans la synchronie. En effet ceux-ci, par le fait même qu'ils fonctionnent, ne sont pas le jouet du hasard.

Bien que ce ne soit ni exprimé, ni même sous-entendu, on retrouve là toute la problématique de la linguistique saussurienne. Pour Saussure, en effet, les rapports synchroniques d'une langue peuvent, et doivent, être définis sans aucun recours à l'histoire. Et, d'autre part, l'élucidation des processus diachroniques (historiques) peut se faire à travers le filtre des processus synchroniques. A vrai dire ce corollaire va un peu au-delà de la pensée de Saussure. D'après O. Ducrot et T. Todorov (1), il semble plutôt suggérer que la diachronie doive être étudiée en dehors de toute considération synchronique. Mais les linguistes contemporains, affermissant encore plus le primat de la

(1) *Dictionnaire encyclopédique des sciences du langage.* Paris, Le Seuil, 1972, art. synchronie et diachronie.

synchronie sur la diachronie en ce qui concerne l'interprétation des faits, veulent appuyer les études diachroniques sur la connaissance des états synchroniques de langue.

Rien n'indique que Van Gennep ait lu le *Cours de linguistique générale* de Saussure qui fut publié en 1916. Il ne le cite pas dans la bibliographie de son *Manuel*. A ses yeux la linguistique est une discipline très proche du folklore, mais il entend par là des écoles bien éloignées de la pensée de Saussure : celle qui s'occupe du changement de sens des mots (la lexicographie), celle qui s'attache aux rapports entre les mots et les choses (les Atlas linguistiques de Gilliéron), et enfin l'école onomastique (étude des noms de personnes et de lieux avec Dauzat). Il faut conclure à un phénomène d'invention simultanée d'un schéma devenu nécessaire à un certain moment de l'évolution des sciences sociales. Mais seule la découverte de Saussure eut une influence directe sur ces disciplines. Ce que Van Gennep proclamait depuis 1908 ne fut pas entendu et ne contribua que de manière souterraine à l'élaboration du structuralisme en linguistique et en ethnologie.

Les folkloristes français ont toujours placé au centre de la définition de leur discipline la notion de tradition et de transmission orales. Van Gennep examine un certain nombre de ces définitions non sans les critiquer, mais n'en propose d'abord aucune. Il remarque que « toutes les tentatives qu'on a faites, en divers pays, pour serrer notre science et sa définition dans des cadres trop stricts ont échoué » (p. 40). Sans le dire, c'est probablement qu'il n'en veut pas donner ; il préfère utiliser une méthode qu'on pourrait appeler « diffuse » : une première étape ayant consisté à cerner le folklore grâce aux disciplines proches de lui et à en faire l'historique, il essaie ensuite de définir ce qu'il appelle les « milieux folkloriques », c'est-à-dire ceux où l'on peut observer la formation, le développement, la dégénérescence et la transmission des phénomènes dits folkloriques. Ces milieux, c'est le « peuple ». Mais qu'est-ce que le peuple? Pour certains le terme est synonyme de nation tout entière ; pour d'autres il s'agit du « vulgaire ». Van Gennep résoud avec élégance sinon avec rigueur le problème : « Pour les savants, la difficulté d'attribution au peuple d'un fait, ou d'une série de faits folkloriques, est atténuée par cette sorte d'intuition que l'on acquiert en cultivant longtemps et avec méthode une certaine science, tout comme un numismate arrive à distinguer au toucher, par la sensation savonneuse ou rugueuse, les pièces fausses des vraies. De même, un folkloriste différencie aisément une vraie chanson folklorique, appartenant au trésor du peuple, de celles qui, diffusées à partir du Caveau ou du Café-Concert, se chantent dans les campagnes » (p. 42). Il est amusant de noter la comparaison avec la numismatique quand on se souvient que Van Gennep commença sa carrière scientifique en recueillant tous les « vieux sous » qu'il pouvait trouver en Savoie et que ses premières publications concernèrent les monnaies des ducs de Savoie. Tous les folkloristes témoigneront en effet de l'expérience de cette intuition. On constate une fois de plus qu'il se refuse à transmettre une méthodologie dogmatique et toute faite, sachant que c'est à la fois inutile et dangereux ; en revanche il connaît la valeur de l'intuition, qui se fonde non pas sur une irrationalité incontrôlée et incontrôlable, mais sur une longue pratique génératrice d'un certain savoir. Il donne cependant une définition approchée du terme « populaire » ; dans le *Manuel* il l'utilise dans deux des trois sens confirmés par l'usage courant : ce qui a été créé par le peuple ou ce qui y a pris naissance, ce qui a cours dans le peuple, mais dont l'origine peut être noble ou bourgeoise ; il élimine comme entaché d'un jugement de valeur le sens de « grossier, brutal, illogique ». Dans les cas où cette origine peut être déterminée de manière certaine, il est préférable de distinguer le « populaire » du « popularisé ». Certaines écoles préféreraient éliminer du folklore ce qui n'est pas né dans le peuple. C'est la position de P. Coirault à propos des chansons quand il affirme : « Tout ce qui est folklorique est populaire ; mais tout ce qui est populaire n'est pas forcément folklorique ». Les écoles allemande et suisse qualifient en revanche de folklorique tout ce qui circule dans les couches populaires (consciemment ou inconsciemment, dit Hoffmann-Krayer) ; c'est le *Volksgut*, le bien du peuple, sa propriété, son savoir. Il serait souhaitable qu'on puisse déterminer pour chaque phénomène folklorique son milieu d'origine et son milieu d'usage. Si Van Gennep ne prend pas parti entre ces deux tendances, c'est qu'il connaît bien les difficultés pratiques de ce genre de recherche. Elle suppose en effet : « Un don particulier de création propre au peuple, ou à la collectivité comme tels ; une connaissance parfaite des voies et agents de transmission de l'individu à la collectivité et réciproquement ; enfin une connaissance approfondie du folklore de toute la région considérée » (p. 44).

En ce qui concerne le dernier point, il est inutile de souligner les lacunes du folklore de la France : elles sont de loin plus importantes que la connaissance que l'on en a. Les voies de transmission ont été étudiées, mais son mécanisme reste encore assez mystérieux. Il est couramment admis que la transmission populaire est strictement orale, contrairement à la transmission savante qui se fait par l'écrit. Mais c'est là une idée reçue que des enquêtes « mieux conduites » ont infirmé en partie. Il existe en effet des cahiers constitués par des chanteurs ou des guérisseurs par exemple, passant de génération à génération à l'intérieur d'une même famille. En outre l'imprimé interfère dans ce processus : ainsi a-t-on pu déterminer que certaines formules conjuratoires de guérisseurs provenaient de livrets de colportage dont les textes avaient cependant subi des altérations et des interpolations. Des livres de magie comme le *Grand* et le *Petit Albert*, bien qu'imprimés, ne circulaient que dans les milieux populaires. Aussi pour Van Gennep le critère n'est pas tant la voie orale ou la voie écrite que le milieu de transmission. Le critère individuel *vs* collectif n'est pas plus efficace. Van Gennep s'est élevé vigoureusement (cf. p. 58) contre l'assimilation du populaire et du collectif, affirmant que seul l'individu est capable de créer et que les productions dites collectives sont seulement adoptées par la collectivité. Dans le *Manuel* il nuance cette position. La conception romantique selon laquelle le peuple en tant que tel est capable de créer contiendrait, au point de vue sociologique, une part de vérité. En effet un individu ne peut, seul, modifier un état social existant, ni y imposer des innovations. Il faut qu'il agisse sur un très petit groupe, qui à son tour annexera d'autres groupes et par un processus d'agglomération un milieu tout entier adoptera l'innovation ou la modification sociale. En fait cette occurrence est assez rare et la situation la plus commune c'est l'état de routine qui renvoie « à la théorie du subconscient et de l'automatisme psychique et corporel [qui] sont les bases fondamentales de la tradition » (p. 52). C'est pourquoi il est nécessaire de garder les termes « tradition » et « traditionnel » qui permettent d'exprimer la force d'inertie et de résistance aux changements qu'on observe dans les phénomènes folkloriques.

Après avoir lu ces pages destinées à cerner les contours de la science folklorique, on peut être déçu par l'absence d'une définition au sens strict du mot. Mais si sa lecture a été attentive, le lecteur en retirera un bénéfice beaucoup plus important. Ce sont les résultats d'une pratique longue, intelligente et toute pénétrée de sympathie pour son objet qui lui sont livrés là. Cela ne dispensera pas le chercheur débutant de passer par cette même pratique, mais cela lui évitera les erreurs, bévues, écarts et préjugés qui furent le lot de beaucoup de ses prédécesseurs.

Dans le chapitre qui concerne l'interprétation des documents folkloriques, Van Gennep conserve cette même prudence et ce même empirisme. Longtemps les faits de folklore furent interprétés comme des survivances. A ses yeux, il s'agit de l'application de l'évolutionnisme du XIXᵉ siècle et de sa croyance au « progrès ». C'est encore la position de Sébillot qui intitula l'un de ses ouvrages *Le Paganisme contemporain chez les peuples celtolatins* (1). Il est indéniable qu'il existe des survivances, en particulier dans les rites et dans les objets. Mais l'application de ce principe à toutes les productions folkloriques suppose un jugement de valeur : l'antériorité irait de pair avec une infériorité intellectuelle. Le mode de penser participationniste n'est ni antérieur ni inférieur à la pensée logique : « En réalité, on a toujours et partout pensé de deux manières et on continue à les utiliser tantôt à certains moments ou dans certaines circonstances, tantôt dans d'autres. Les deux modes de raisonner et de conclure, et par suite les deux modes d'action, sont des éléments également constitutifs et normaux de la pensée de toute l'espèce humaine » (p. 97). La théorie de la dégénérescence qui suppose en revanche une dégradation à partir d'un système antérieur cohérent, ne trouve plus de défenseurs. Mais elle peut se vérifier dans certains cas limités. Comme pour la théorie des survivances, il ne faut pas la considérer comme « une clef qui ouvrirait toutes les serrures ».

Il existe d'autres théories en folklore, mais elles concernent certaines catégories de faits. Van Gennep projetait de les examiner dans les chapitres du *Manuel* qui devaient en traiter. Il ne l'a fait que pour le volume qui s'occupe de la vie individuelle (*Du berceau à la tombe*) : il s'agit de sa propre théorie des rites de passage. Les autres

(1) Paris, Doin, 1908.

volumes n'ont pas vu le jour, non plus que son projet d'y exposer les théories de l'origine des contes populaires, du rapport des cultes populaires avec la magie et la religion, de l'origine ethnique des maisons-types. Dans cette introduction, il se borne à dire qu'elles sont toutes fondées sur la méthode comparative ou ethnographique « dont l'usage est maintenant non seulement accepté, malgré l'opposition... des historiens, mais regardé comme normal et même nécessaire » (p. 98). Il n'y reviendra donc pas.

Tout empiriste qu'il soit, Van Gennep affirme qu'on ne saurait rien observer sans avoir en tête quelque théorie ou quelque hypothèse durant l'enquête directe car « pour trouver, il faut savoir quoi chercher » (p. 99). Le fait brut ne signifie rien ; pour en dégager le sens, il faut rechercher ses « concomitantes » (voir p. 97). Après avoir examiné toutes les attitudes théoriques possibles que le folklore peut adopter à l'égard des faits (psychologique, économique, géographique, ethnique, orographique, géologique, linguistique, etc.), Van Gennep aboutit à la conclusion qu'aucune n'est suffisante en elle-même et que divers points de vue sont nécessaires à l'interprétation « tout en se maintenant dans l'atmosphère spécifiquement folklorique ». Celle-ci est difficile à définir : « elle est beaucoup plus ressentie et imaginée que logiquement pensée et construite » (p. 105). Il tente cependant de la décrire en faisant appel au concept du philosophe Vaihinger, le « Monde comme si » (*die Welt als ob*). Les mécanismes de la magie, de la médecine populaire, de l'astrologie, etc., opèrent par extrapolations : à partir de tel fait connu, on suppose certaines conséquences. « Le folklore tout entier baigne dans le *Monde comme si*. La plupart des hommes... ne se montrent pas absolument persuadés de l'existence d'un Dieu justicier, de l'intervention dans nos affaires de la Providence, ou dans les divers pays de celle des divinités locales ou universelles, ni de la véracité absolue des dogmes, ou de la réalité matérielle des miracles. Mais ils agissent comme s'ils y croyaient » (p. 106). Si le folkloriste s'est pénétré de cette conception, il se trouvera au niveau de la logique et des sentiments populaires. C'est aussi la raison pour laquelle les termes utilisés dans le folklore ne peuvent être définis avec précision.

Arrivé à ce stade de sa réflexion, Van Gennep, contrairement à toute attente, nous livre une définition du folklore : c'est « l'étude méthodique, donc science, des mœurs et coutumes » (p. 107). Le terme « populaire » est inutile, puisque « les mœurs et coutumes sont des phénomènes collectifs généraux discernables indépendamment de la race, du type de civilisation, de la classe sociale ou, dans certains pays (Inde), des castes professionnelles » (*idem*).

La définition est brève, mais il en reprend chacun des termes pour les mieux préciser. Les mœurs sont les manières de vivre ; les coutumes, les manières de vivre qui se conforment à des règles « non écrites ou écrites », auxquelles on se soumet sans coercition extérieure. Les mœurs sont soumises à un mécanisme interne, qui reste toujours et partout le même, qui est dynamique et non statique. Il n'a pas encore été très bien étudié ; on le voit agir, mais on ne sait pas très bien selon quel processus.

Van Gennep définit aussi quelques autres termes utilisés par les folkloristes. La croyance ne doit pas être opposée systématiquement à la science ; elle constitue aussi un savoir (voir p. 102). Les croyances se traduisent en actes qui, isolés, sont les observances ou rites ; combinés en séquences, les cérémonies ; « l'ensemble systématisé des cérémonies est le culte » (p. 109). Cette catégorie de faits présente souvent une apparence incohérente. Celle-ci s'atténue quand on peut établir la séquence des idées et des actes qui se fait souvent de manière discontinue, par étapes. « Ces interruptions correspondent dans la nature à des repos, aux moments de répit qu'on doit prendre lors d'une ascension, au sommeil qui repose de l'activité diurne et permet de récupérer les forces épuisées » (p. 110). Cette théorie des étapes — des rites de passage — se fonde donc sur une coïncidence des rythmes sociaux et des rythmes naturels. Elle permet de donner un schéma organisateur à un grand nombre de faits folkloriques : les cérémonies magiques et religieuses, l'organisation des fêtes et des jeux, les cérémonies familiales « du berceau à la tombe ». Il est curieux de noter que cette théorie, à laquelle Van Gennep tenait tant, est devenue *de facto* le fondement de son *Manuel*, puisqu'il n'a pas eu le temps de réaliser le reste. Dans les notes partiellement rédigées en vue de la conclusion générale, il utilise et explicite le terme de rythme : le système de classement adopté dans le *Manuel* est « rythmique en ce sens qu'il considère d'abord la vie humaine, objet principal de nos intérêts, du début à la fin ; puis le cycle annuel ; enfin les manifestations des diverses activités dans des directions divergentes, mais partant toutes du centre de force, qui est l'Homme. Ce rythme qui est rectiligne dans la première série de faits, est cyclique dans la deuxième et alternatif dans la troisième. Car ici l'action part du sujet à l'objet et revient par choc en retour de l'objet au sujet ». Dans l'introduction de la section intitulée « Du berceau à la tombe », il se contente de noter que ces étapes rituelles jouent un rôle considérable dans la vie sociale « parce que la vie elle-même progresse par oscillations et par étapes » (p. 114). Cette idée, à peine indiquée dans le *Manuel* et dans *Les Rites de passage*, devait sans doute trouver un meilleur développement dans les conclusions du *Manuel*. En l'occurrence, elle pose plus de questions qu'elle n'en résoud. Il semble, en effet, que cette homologie entre les rythmes naturels et les rythmes sociaux soit due au fait que la société se modèle sur la nature, cherche en elle des schémas selon lesquels elle puisse édifier sa propre organisation. Cette interprétation serait difficilement compatible avec un grand nombre d'affirmations éparses dans l'œuvre de Van Gennep. Ainsi, dans *Les Rites de passage*, il répète avec force que les cérémonies d'initiation sont célébrées à l'occasion de la puberté sociale et non physique. Dans un article de 1907 (1), à propos des relations de causalité entre le milieu physique et l'organisation sociale, politique et économique, il déclare : « L'un des résultats, à première vue paradoxal, les plus intéres-

(1) *Religions, Mœurs et Légendes*, 1, p. 189-201.

sants de l'ethnographie, ces années dernières, c'est d'avoir reconnu que loin de modeler son organisation sociale sur la nature, le demi-civilisé se représente la nature comme modelée sur l'organisation sociale » (p. 193). Il s'élève contre l'interprétation astrale des mythes remise à l'honneur par Ehrenreich et l'école de Berlin, persuadé, quant à lui, que ce sont les phases de l'activité des hommes qui sont à l'origine objet de récit et non les phénomènes naturels. On pourrait formuler le problème en termes de projection ou d'intériorisation : ou bien les hommes projettent leur organisation sociale sur la nature, ou bien ils intériorisent les phénomènes naturels dans leurs représentations et organisations sociales. Van Gennep choisit — semble-t-il — la première proposition de cette alternative. Il ne recherche pas la cause de cet état de fait, mais sans doute aurait-il souscrit à ces lignes de C. Lévi-Strauss critiquant une théorie « naturaliste » du mythe : « ... il n'y a pas de phénomènes à l'état brut : ceux-ci n'existent pour l'homme que conceptualisés, et comme filtrés par des normes logiques et affectives qui relèvent de la culture » (1). Il semble que ce soit dans cette ligne qu'il faille situer la position théorique de Van Gennep à ce sujet, sans qu'il l'ait jamais véritablement explicitée. Elle peut se concilier avec l'idée de l'homologie entre les rythmes vitaux et les rythmes sociaux. En effet, l'homme est un être qui relève de la biologie, de même que son organisation et ses productions sociales puisqu'il

(1) « Les champignons dans la culture ». *L'Homme*, X, 1 (1970), p. 12.

s'agit de phénomènes vivants. Cette homologie entre nature et culture s'ancre donc à un niveau très profond. A cet égard il est intéressant de lire un texte inédit dans lequel Van Gennep s'interroge sur la présentation stylistique des faits folkloriques : « Un folkloriste, à moins qu'il ne soit qu'un pur théoricien et n'ait jamais fait d'enquêtes directes est nécessairement sensible aux lignes (formes) et aux couleurs, aux musiques et aux sons, aux mouvements psychiques d'autrui et à leur expression changeante. Le contact pour ainsi dire professionnel avec les rythmes vitaux réagit sur le rythme de l'écriture ; la sympathie pour ce qui vit se traduit inconsciemment par un certain modelé de la phrase et par des sonorités (transposées) qui proviennent souvent du dialecte local en français. » On n'est pas loin de l'unanimisme, sinon même du panthéisme...

Si l'on considère le domaine du folklore, on a le sentiment que Van Gennep a négligé les croyances populaires autant qu'il privilégiait les rites. Il ne faut pas oublier cependant que son premier grand travail s'attachait aux tabous (1), qui participent à la fois de la croyance et du rite, de la représentation mentale et de l'agir (ou du non-agir). C'est plus le second aspect qui l'intéresse et particulièrement la troisième catégorie de tabous (suivant sa classification) : ceux dont la raison d'être se trouve dans un système religieux, qui est souvent le totémisme. Ceux-là en effet ont pour fonction de consolider les liens entre les membres d'un même clan à la fois humain et animal, entre les ascendants

(1) *Tabou et totémisme à Madagascar.*

et les descendants, entre les hommes et les dieux. Ils contribuent donc à une institution sociale des plus importantes. En ce qui concerne l'ethnographie européenne, il voit très bien le rôle de moteur que jouent les croyances sous-jacentes par rapport aux rites, mais réussit mal à les isoler en tant que telles. Ainsi à propos du culte populaire de Saint-Léonard (ou Liénard), il remarque que c'est un saint « délieur » : on l'invoque pour délivrer les prisonniers, les femmes en couches, les gens malades. Il suppose alors que le jeu de mot sur le nom du saint puisse être à l'origine du rite et il ajoute : « d'une manière générale, on sous-estime trop dans les études théoriques de rituels plus ou moins civilisés, l'importance des interprétations populaires d'ordre purement verbal » (1). Et, en effet, la croyance appartient au domaine du verbal, mais on constate une fois de plus que Van Gennep n'exploite pas le champ qu'il ouvre de façon si remarquable.

Dans le *Manuel*, il centre les quelques lignes qu'il consacre à la croyance sur le fait de croire opposé au savoir. Il y voit deux plans psychiques parallèles et compatibles : dans le peuple on les voit agir concurremment, de même que de grands savants comme Pascal, Descartes ou Pasteur ont pu concilier la foi et la science dans leurs vies et leurs œuvres. La place qu'il accorde aux croyances dans son œuvre est en fait le reflet de celle qu'elles ont dans les faits de folklore : on les observe peu, mais elles sont partout. A lire attentivement les volumes qui concernent la vie individuelle et les

(1) *Religions, Mœurs et Légendes*, 1, p. 105.

cérémonies saisonnières, on voit apparaître partout des croyances, bien qu'il s'agisse de rites. De la même façon, l'observation directe ne révèle jamais une croyance en tant que telle : il est en effet très rare qu'un informateur commence une phrase par « on croit que... » Et cependant, sous-jacente, elle est toujours présente puisqu'elle est l'élément verbal. Comme la parole, on ne peut pas la voir, mais elle est là. En ce sens l'œuvre de Van Gennep est un reflet fidèle de la réalité folklorique.

Dans l'œuvre de Van Gennep il y a un thème à la fois récurrent et épars qui risque d'échapper à l'attention si l'on s'en tient à la lecture de ses grands ouvrages. Il a pourtant tenu une grande place dans ses recherches et son importance théorique est loin d'être négligeable. Il s'agit de l'étude des marques de propriété et des blasons.

Ce fut en réalité son premier centre d'intérêt en ethnographie, dont témoigne un article publié en 1901 dans la *Revue des Traditions populaires* (tome XVI, p. 403) et intitulé « Marques de propriété et de fabrique. Questionnaire pour la France, la Suisse, l'Italie et l'Espagne ». Notons au passage que dès cette époque, tout à fait précoce dans son œuvre, il utilisait le procédé des questionnaires, renouant ainsi après un siècle avec la méthode de travail des membres de l'Académie Celtique et de la Société des Antiquaires. Les réponses reçues lui fournirent l'occasion de petits articles publiés dans la même revue durant quelques années. Il annonçait en 1904 (*Revue des Traditions populaires*, tome XIX, p. 273, nº 1) un livre intitulé « Signes et marques de propriété », qui malheureusement ne vit pas le jour (1). A ce propos il note son intention d'y étudier les rapports des marques alphabétiformes et des alphabets : il pensait en effet que les marques considérées comme bizarres ne sont pas autre chose que des restes d'anciens alphabets. Il avait ainsi remarqué de grandes ressemblances, parfois même des similitudes, entre les marques pyrénéennes et les sigles des monnaies celtibériennes. Cette remarque incidente nous laisse entrevoir comment, au stade le plus précoce de ses recherches, son centre d'intérêt se déplaça des monnaies aux marques de propriété, c'est-à-dire d'un domaine purement historique à un domaine ethnographique.

Étudiant plus particulièrement les marques de propriété des Arabes, les *wasm*, il parvint à l'idée que les alphabets sémitiques anciens furent formés, de propos délibéré, à divers moments et en divers lieux, à partir des *wasm*. Étendant son enquête, il constate que les marques de propriété alphabétiformes sont plus riches en forme, mais de même facture, que les alphabets indigènes et qu'on trouve des marques de propriété même chez des populations illettrées : il faut en conclure que l'alphabet dérive des marques et non le contraire. Une autre évolution des signes de propriété les mène vers le blason. En effet la marque domestique apposée sur les animaux et les objets signifie subsidiairement la filiation et le rang social du propriétaire : « partout où... la société s'est subdivisée en classes,

_____

(1) En 1906, il doit reculer la date de publication de cette œuvre en raison de l'énorme littérature à dépouiller et du fait qu'elle devra être illustrée de centaines de planches (*Religions, Mœurs et Légendes*, 2, p. 257).

la marque de propriété familiale (ou domestique) a pris la signification d'une armoirie » (1). Posé dans ces termes, le problème est important en ethnographie, mais, à vrai dire, Van Gennep le considérait comme beaucoup plus vaste encore. Il tente de le cerner en 1911 dans ses *Titres et Travaux scientifiques* (p. 15-16) : « ... cette étude [le problème des marques et signes de propriété] m'a conduit à proposer une explication personnelle de certaines interdictions, et même à réviser toute la théorie du tabou ; à reprendre sur des bases nouvelles la question de l'origine des écritures et des alphabets ; à rechercher la signification exacte des tatouages, des peintures corporelles et de toutes les mutilations qui impliquent l'idée que la marque crée un lien d'appartenance et de parenté ; à contrôler la valeur des théories courantes sur les origines du blason et à montrer que le blason et même le langage héraldique sont plus anciens et plus primitifs qu'on ne le croit d'ordinaire ; à examiner, à ce propos, quelle est la situation exacte, par rapport aux langues proprement dites ou communes, des langues spéciales, etc. Bref, cette enquête étendue sur un sujet à première vue aussi étroit que celui des signes et marques de propriété, m'a permis, je dirai même forcé à passer en revue toutes les théories relatives aux interdictions, aux systèmes de propriété et à diverses formes de l'art ornemental. »

En réalité Van Gennep dressait là plus un programme de travail qu'un bilan des résultats obte-

(1) Notes sur l'héraldisation de la marque de propriété et les origines du blason. *Bulletin et Mémoires de la Société d'anthropologie de Paris*, V^e série, t. 6, 1905, p. 103-112.

nus, car c'est de façon assez superficielle qu'il avait établi ces rapports. Un certain nombre d'articles en témoigne, mais en général leur lecture est assez décevante par rapport au projet d'ensemble qu'on pressent et qui ne fut pas mené à bien. Les réponses au questionnaire lancé dans la *Revue des Traditions populaires* furent sans doute assez peu nombreuses, mais ce n'est cependant pas le manque de documentation qui pouvait arrêter Van Gennep, car son polyglottisme lui avait permis d'accumuler des matériaux considérables. Il avait l'intuition qu'on pouvait en effet constituer un système avec tous ces faits apparemment disparates, mais sans doute n'eut-il pas la chance, comme pour les rites de passage, de trouver leur principe d'organisation, leur « schéma », et fut-il obligé d'en abandonner peu à peu le projet. En 1938, dans la bibliographie du *Manuel* (vol. IV, p. 886), il indiquait que les matériaux accumulés par lui depuis trente ans confirmaient plutôt qu'infirmaient sa théorie qui voyait dans les marques de propriété l'origine de certains alphabets. En 1911, il notait que sa collection de signes, marques, tatouages d'appropriation et signes alphabétiformes de tout ordre se montait à plusieurs milliers. En 1938 ses seules enquêtes directes en Savoie lui avaient permis d'en recueillir 2 000.

Dans *Tabou et totémisme à Madagascar* (chap. XI, « Tabous de propriété ») il affirme que le signe ou marque de propriété est à l'origine un tabou, car « la propriété ayant eu primitivement une forme religieuse, il est naturel que le procédé de sauvegarde de la propriété soit également à base religieuse » (p. 183). On peut en trouver une autre preuve précisément chez les Malgaches où la marque de propriété apposée par exemple sur le bétail est en réalité très peu distinctive et n'a donc pas de valeur juridique ; il faut en conclure que la sanction du vol est extra-naturelle et que la marque est le signe d'un tabou apposé. Chez les Sakalaves on observe la création d'une langue spéciale (nomenclature des marques) et l'attribution aux signes de propriété d'une valeur nobiliaire.

En ce qui concerne la question du totémisme, on sait que chez les Indiens de la côte nord-ouest du Pacifique, la représentation du totem sert de marque de propriété et de signe de parenté. Mais la relation n'est pas toujours vérifiée, en particulier chez les Australiens. Si Van Gennep admet volontiers qu'une relation existe entre les deux phénomènes, il s'élève contre l'opinion de Mauss qui affirme une unité indissoluble entre les notions de dieu, d'enseigne, de nom et de blason dans le totémisme (*Année sociologique*, tome VIII, 1905, p. 242).

Étudiant ce qu'il appelle les « langues spéciales » (langues propres à la religion, aux femmes, aux enfants, aux métiers et professions, etc.), il cherche leur raison d'être et pense qu' « elles ne sont que l'un des innombrables moyens par lesquels les collectivités de tout ordre maintiennent leur existence et résistent aux pressions de l'extérieur. Elles sont à la fois un moyen de cohésion pour ceux qui les emploient et un moyen de défense contre l'étranger... Ainsi la langue spéciale joue à l'intérieur de la société générale le rôle que chaque langue générale joue vis-à-vis des autres langues générales. C'est l'une des formes de différenciation, formes voulues, et nécessaires à la vie même en société » (1). En effet, la vie sociale oscille constamment entre deux tendances opposées et complémentaires : la tendance à la cohésion et la tendance à la différenciation.

On retrouve ces idées dans un livre bien oublié de Van Gennep, conçu sous la pression de la guerre de 1914-18 et du Traité de Versailles. C'est le premier volume de son *Traité comparatif des nationalités*, intitulé *Les Éléments extérieurs de la nationalité* et qui n'eut pas de suite bien que le projet en comprît deux autres. Comme son titre l'indique, cet ouvrage veut recenser les marques extérieures que se donnent les nations pour se présenter comme telles. En effet « chaque groupement organisé a besoin pour s'affirmer et pour persévérer, de se distinguer de tous les autres par des marques visibles, dont l'étude constitue l'une des sections les plus intéressantes de l'ethnographie » (p. 48). Les peintures corporelles, les tatouages, les scarifications et les mutilations constituent une forme primitive de ces signes de différenciation qui permettent de connaître l'appartenance d'un individu à son groupe. Cette forme primitive fut remplacée par le port de certains costumes, comme en Europe le costume slovaque, magyar, serbe, etc., qui a une valeur de symbole national. Ainsi « la diversité des costumes ruraux en Allemagne correspond de nos jours encore aux anciennes divisions territoriales et n'est dans ce pays par excellence des particularismes locaux, que l'un

(1) *Religions, Mœurs et Légendes*, 2, p. 315-316.

des moyens d'expression du besoin et de la volonté de différenciation des petits groupes » (p. 50). Dans les nations constituées depuis longtemps (la plupart des pays d'Europe occidentale), le costume permettait de distinguer les classes sociales jusqu'au XIXᵉ siècle au moins, et, à partir du Moyen Age, les professions et les métiers. Dans ces pays, il s'est produit un transfert du sentiment « exprimé par des couleurs et des étoffes taillées qu'on portait sur soi... à des couleurs et à des étoffes disposées d'une manière spéciale » : l'étendard, le drapeau. Au cours du XIXᵉ siècle tous les États ont adopté peu à peu ce moyen de différenciation. C'est là un processus volontaire. D'autres signes de différenciation sont en grande partie inconscients : ce sont les formes des maisons et les villages. Ils constituent un élément important de cohésion sociale.

Le plus frappant et le plus tenace de ces signes, c'est la langue ; l'histoire montre souvent que la perte de sa langue par un groupe s'accompagne de la perte de son identité sociale. Il en résulte que la multiplicité des langues est un caractère inhérent à l'humanité. Déjà en 1908 (1), il affirmait que les langues universelles telles l'espéranto ou le volapük procèdent d'une utopie : à supposer qu'on puisse les imposer, il se créerait rapidement des dialectes qui finiraient par devenir aussi impénétrables les uns par rapport aux autres que le hollandais, l'espagnol et le grec. A propos du signe distinctif que constituent les langues, il avance une

(1) *Religions, Mœurs et Légendes*, 1, p. 308-316 («Internationalisme et particularisme linguistique »).

remarque très fine qu'il présente comme un fait d'observation. Le fait pour deux groupes de parler des langues très proches ne détermine pas chez eux un sentiment de communauté, mais bien au contraire un sentiment d'opposition, sinon même d'hostilité : « Il semble que cette parenté linguistique apparaît aux groupes intéressés comme un danger pour leur individualité spécifique » (p. 80). C. Lévi-Strauss dans *La Pensée sauvage* (1) fait la même remarque à propos des costumes régionaux dans les sociétés paysannes de l'Europe aux XVIIIe et XIXe siècles : « Que chaque communauté dût avoir son costume et que... celui-ci fût en gros composé des mêmes éléments, n'était pas mis en question : on s'appliquait seulement à se distinguer du village voisin, et à le surpasser par la richesse ou l'ingéniosité du détail. Toutes les femmes portent coiffe, mais d'une région à l'autre, les coiffes sont différentes... La double action du conformisme général (qui est le fait d'un univers clos) et du particularisme de clocher tend, ici comme ailleurs, et chez les sauvages australiens comme dans nos sociétés paysannes, à traiter la culture selon la formule musicale du thème et variations. »

Dans le blason populaire, c'est-à-dire les sobriquets collectifs que se donnent les villages voisins, on observe ce sentiment d'opposition proche de l'hostilité.

Dans le problème des frontières comme signe extérieur de la nationalité on retrouve les préoccupations de Van Gennep concernant le passage

(1) Paris, Plon, 1962, p. 119.

matériel (voir p. 76 et suiv.). Toutes les populations connaissent les limites de leur territoire : les primitifs savent quelle est l'étendue du domaine où ils peuvent chasser, pêcher et collecter ; les paysans, les lisières de leurs champs. Les procédés de repérage utilisent des accidents naturels comme des pierres, des rochers, des arbres, les points d'eau, etc. Van Gennep ressentait intuitivement cet investissement du territoire par l'homme. On en a la preuve par un article de 1910 intitulé « Du sens d'orientation chez l'homme » (1), dans lequel il reconnaît posséder un sens de l'orientation bien développé et essaie d'en démonter le mécanisme : « A l'analyse, j'ai toujours constaté que cette faculté à me retrouver tenait d'abord à une accumulation considérable d'observations inconscientes. Mes yeux sont excellents, et je note au passage la forme bizarre d'un tronc d'arbre, tel caillou de couleur étrange, des brins de paille en travers du chemin » (p. 35). Analysant aussi la sensation confuse qu'il éprouve lorsqu'il se trompe de chemin, il en conclut qu'il s'agit de la sensation d'un angle. Son chemin n'est jamais rectiligne, mais en zig-zags. Or l'on sait que la détermination d'un angle permet de délimiter une portion d'espace. Il est une autre façon de s'approprier un territoire, c'est de l'investir par le mythe. Ainsi les mythes des Australiens centraux font état d'Êtres qui, parcourant un certain territoire, accomplirent des actes remarquables dont le souvenir se concrétisa sous forme d'accidents naturels : sources, puits, pierres isolées, rochers, collines, chaînes de

(1) *Religions, Mœurs et Légendes*, 3, p. 33-61.

montagnes, arbres solitaires, petits bois, etc. (1). Cet investissement territorial par le mythe n'est pas le fait des seuls primitifs. Le folklore européen connaît une infinité de légendes et de croyances topographiques qui quadrillent littéralement les territoires des divers groupes locaux.

Les marques des limites territoriales ne sont pas seulement des accidents naturels inventés par le groupe social et placés intentionnellement par lui : ainsi le fossé de la Rome des origines, les grandes stèles des rois assyriens, les poteaux-frontières des États modernes. Ces marques ont un caractère sacré « et passer une limite ou une frontière, c'était, et c'est encore pour les individus plus sensibles, comme passer d'un monde à un autre, c'était exécuter un véritable rite magique et religieux » (p. 152). En bref c'est un rite de passage. La limite territoriale n'est pas toujours une ligne, c'est parfois un espace plus ou moins large. Les zones neutres des cités grecques servaient de lieux de marché et de pâture pour les troupeaux ; y pénétrer en armes équivalait à une déclaration de guerre. Les « marches » du Moyen Age rentrent dans ce type de zone intermédiaire, marches à fonction militaire, « États-tampon », etc.

Une lecture attentive de ce livre, isolé à l'intérieur de l'œuvre de Van Gennep, permet de retrouver les fils conducteurs qui ont guidé ses recherches durant toute sa vie : la notion de rite de passage, celles de passage matériel et de marge, la fonction de cohésion du groupe social assurée par les signes de différenciation, l'appropriation du territoire

(1) *Mythes et légendes d'Australie*, p. cvii.

par le mythe et la toponymie, le rôle joué par la diversité des langues, et enfin sa méthodologie même qui consiste à « situer en série un certain nombre de phénomènes jusque-là considérés isolément les uns des autres, d'en discerner le lien interne et le mécanisme central grâce auquel ce lien subsiste sous la variation des formes et donne à la série entière un faciès particulier et une force de durée » (p. 47), c'est-à-dire la méthode comparative.

Dans cette seconde partie, on a noté au passage l'attitude de Van Gennep vis-à-vis de l'histoire et on a pu voir qu'elle n'était pas dépourvue d'ambiguïté. Aussi n'est-il pas inutile de reprendre, l'une après l'autre, les étapes qui ont marqué l'évolution de ses vues sur cette question.

L'article de 1908 intitulé « La valeur historique du folklore » (1) appartient à l'époque où Van Gennep voyait dans l'histoire une discipline permettant de décrire les faits, tandis que la méthode ethnographique (ou comparative) les explique (2). De surcroît l'ethnographie peut être d'une aide précieuse à l'histoire, car les faits qui relèvent de la première de ces disciplines ont valeur historique si on sait leur appliquer les correctifs nécessaires. Ainsi dans la littérature populaire il faut dissocier les « étages culturels », c'est-à-dire les ajouts faits successivement au cours des siècles. Dans *Mythes et légendes d'Australie* il avait établi un critère très utile à cet égard : il semble que la durée des souve-

(1) *Religions, Mœurs et Légendes*, 2, p. 173-185.
(2) Tabou, totémisme et méthode comparative. *Religions, Mœurs et Légendes*, 2, p. 22-88.

nirs concernant, non pas les croyances ni les coutumes, mais les faits bruts, porte normalement sur un siècle à un siècle et demi, c'est-à-dire la durée de cinq à six générations. Ce critère n'est évidemment valable que chez des populations dépourvues d'écriture. On se souvient que Van Gennep est revenu avec beaucoup de force sur cette position dans *L'État actuel du problème totémique* : « Il est hors de doute maintenant que ces mythes et légendes n'ont pas plus de valeur scientifique et documentaire au point de vue social qu'au point de vue ethnique, zoologique ou botanique. Aussi prierai-je le lecteur de considérer comme nuls et non-avenus tous les raisonnements que j'ai pu fonder dans mes publications antérieures sur l'idée que l'on devait accepter comme documents réellement historiques les passages des mythes et légendes qui concernent l'ancien état social des Australiens » (p. 140). Ce revirement est une étape importante dans son œuvre, car il lui permet de déterminer la nature exacte des faits mythiques : pour l'Australie, tout au moins, il y voit le lieu où se projette le désir d'un état bienheureux qu'éprouve le groupe social et qu'il renvoie dans une préhistoire, Age d'Or ou Paradis. Prendre ce désir pour une réalité, ce serait commettre la même erreur que celle des théologiens du Moyen Age prenant la Genèse au pied de la lettre pour expliquer la formation du Monde, la différenciation des espèces et la nécessité du travail. Ce revirement de pensée nous paraît sans doute une démarche élémentaire et préalable à toute ethnographie. Elle doit cependant s'accomplir chez quiconque aborde cette discipline (sinon même toutes les sciences dites de l'homme). A cette époque la clarté sur cette question n'était peut-être pas totale : ainsi la notion de survivance chère à l'école anglaise comportait-elle beaucoup d'équivoque.

Peu à peu Van Gennep élargit le fossé entre histoire et ethnographie. L'opposition essentielle réside en ceci que la première étudie les faits morts et la seconde les faits vivants. La supériorité de la seconde est éclatante : elle peut se permettre de considérer comme vivants des faits passés en les replaçant dans leur actualité ancienne et en tenant compte des facteurs efficients alors en jeu. C'est ce qu'il affirme dans ses *Titres et Travaux* de 1911 ; son ton devient là presque prophétique : « J'ai été convaincu très tôt que, si le XIXe siècle a été le siècle des sciences historiques, le XXe siècle sera celui des sciences ethnographiques et que, de même que le siècle précédent a fait concevoir l'humanité en profondeur, par la diffusion d'une conception perspective qu'on nomme couramment le *sens historique,* notre siècle fournira une conception élargie, due à l'observation minutieuse et systématique des faits vivants, et qu'on peut appeler le *sens ethnographique* [...] Et si je ne craignais un peu le reproche d'exagération, je dirais que l'ethnographie sera au XXe siècle la base sur laquelle se construira une conception philosophique nouvelle de l'humanité » (p. 21).

Le reproche essentiel qu'on puisse faire à l'histoire, c'est qu'elle ne peut jamais que juxtaposer tandis que l'ethnographie combine : il en découle que la première n'explique jamais rien. Elle étudie des formes alors que la seconde étudie des facteurs et des mécanismes et cela au moment précis de leur action. Dans *Le Folklore*, le ton se fait encore un peu plus violent : le point de vue historique est devenu une « maladie psychique et méthodologique » dont il faut se débarrasser par un « pivotement psychique » pour adopter la méthode biologique (p. 32-35). Cette position de Van Gennep a été qualifiée de « doctrinale » et sa conception du folklore de « contre-vérité fondamentale » par A. Varagnac dans son livre *Civilisations traditionnelles et genres de vie* (1). Il affirme en effet que les traditions sont mortes de nos jours et que leur régression a commencé après la guerre de 1870. Il s'ensuit que la seule méthode capable de les étudier, c'est la méthode historique.

Poussés à l'extrême, ces deux points de vue opposés sont également intenables. S'il est vrai que le début du XXe siècle a vu une régression très nette des traditions, il est aussi vrai qu'il en subsiste plus qu'on ne croit et qu'il s'en crée de nouvelles (les faits naissants de Van Gennep). D'autre part il n'est pas soutenable que le folklore puisse se passer complètement de l'histoire. Van Gennep la réintroduit subrepticement quand, dans ce même ouvrage, il parle de la « chaîne traditionnelle » dans laquelle il faut insérer le fait observé actuellement (voir p. 88). Dans le *Manuel*, il estime que la polémique entre méthode historique et méthode ethnographique est périmée du fait de la victoire incontestable de la seconde. Et cependant, de temps à autre, il est contraint de s'interroger sur la date d'origine de certaines coutumes. Ainsi, à propos des cérémonies familiales de la

(1) Paris, Albin Michel, 1948, p. 59.

naissance à la mort, il note le grand nombre d'interventions populaires dans le rituel chrétien et il pense qu'elles sont des inventions autonomes datant pour la plupart du haut Moyen Age. En faire des survivances du paganisme, c'est s'exposer à avancer une hypothèse dont on ne peut apporter les preuves. Celles-ci ne se trouvent pas dans les ressemblances qu'on peut constater avec les coutumes et les croyances des civilisations dites primitives, « car les possibilités d'invention et de modification dans le domaine psychique et cérémoniel qui constitue le folklore ne sont pas en nombre illimité » (p. 824).

Trente-huit ans auparavant il s'exprimait de la même manière à propos des légendes des saints (1) : « En fait notre moyen âge a été une période de création collective sur fonds original, fonds créé à ce moment presque de toutes pièces et où les éléments plus anciens ne se présentent en qualité de survivances certaines qu'en minorité... L'identité des coutumes et des croyances s'explique souvent le plus simplement du monde et sans faire appel à la survivance, par l'identité des principes théoriques directeurs : de sympathie, d'antipathie, de transmissibilité des qualités par contact ou à distance, de trajectoire des forces magico-religieuses, de condensations, de diffusion et de pérennité de l'énergie » (p. 115).

Sans qu'il veuille l'avouer, Van Gennep ne peut éliminer complètement l'histoire des recherches

(1) *Religions, Mœurs et Légendes*, 1, p. 108-121. Il faut noter que Van Gennep s'est beaucoup intéressé au culte populaire des saints. Un grand nombre d'articles, qu'il nous est difficile de citer, en témoigne.

folkloriques. Quand on tente de débrouiller la querelle qu'il cherche à la méthode historique, on acquiert rapidement la conviction qu'il s'agit pour l'essentiel d'un malentendu. Sans doute était-il nécessaire, dans le premier quart du xxe siècle, de donner à l'ethnographie en train de se constituer un statut indépendant et de la libérer en particulier de l'emprise de l'histoire. A ce propos les formules de Van Gennep ne manquent pas de fierté : « nous prétendons à l'autonomie de notre science ; nous pensons qu'elle a fait assez de progrès depuis un siècle pour avoir le droit de rejeter les lisières de l'enfance et de se dresser, bien jeune encore sans doute, mais enfin adolescente, à côté de ses aînées, l'histoire, l'archéologie et la géographie, qui furent ses marraines, marraines jalouses un peu il est vrai. Les anciens rapports de subordination pourraient aujourd'hui se transformer en rapports d'aide mutuelle et d'équivalence » (1). Il est curieux de remarquer que Van Gennep est sur ce point d'accord avec Durkheim, bien que celui-ci ne soit pas animé de la même violence. Comme l'a montré C. Lévi-Strauss (2), l'attitude de Durkheim vis-à-vis de l'histoire a subi une évolution très nette entre 1892 et 1912. Ce qu'il retire peu à peu en crédit à l'histoire, il le donne à l'ethnographie. Alors qu'en 1892 les données de l'ethnographie ne sont qu'un complément aux documents historiques et doivent être confirmées par ceux-ci, en 1912 (*Les Formes élémentaires de la vie religieuse*),

(1) *Titres et Travaux*, p. 4.
(2) « Ce que l'ethnologie doit à Durkheim », *Annales de l'Université de Paris*, 1906, n° 1, p. 45-50.

c'est des premières que vient la rénovation de l'étude des sociétés humaines.

Le malentendu porte en fait sur la façon de concevoir l'histoire. Quand, dans son petit livre sur le folklore, Van Gennep parle de replacer l'observation ethnographique faite à l'instant dans une série qu'il appelle la « chaîne traditionnelle », il lui faut étudier les antécédents de ce fait : est-ce encore de l'ethnographie, est-ce déjà de l'histoire ? La réciproque se rencontre aussi et il en a prévu l'occurrence : « tout historien qui veut comprendre les raisons d'être des institutions anciennes se voit forcément un jour ou l'autre obligé de rompre les barrières que lui oppose la tradition et de s'adresser aux faits ethnographiques » (1). Aussi loue-t-il Edouard Mayer dont la première partie de son Histoire de l'Antiquité est tout entière consacrée à l'ethnographie. Dans le *Manuel* (vol. 1, p. 96, n. 5) il approuve la tentative de Marc Bloch qui veut « prendre l'histoire à rebours », c'est-à-dire expliquer les événements passés par les faits actuels, le passé par le présent et non le contraire comme la tradition de l'histoire l'exigeait jusque-là.

Dans un article intitulé « La Tombe d'Alaric » (2), il donne un très bon exemple de cette méthode. Il montre d'abord le désarroi des historiens face à des chroniques mêlées d'interpolations plus ou moins légendaires qu'ils ne réussissent pas à séparer des faits historiques. On sait qu'Alaric, roi des Goths, mourut en 410 en Italie méridionale. Afin de l'enterrer, on détourna le lit de la rivière de Busento, on creusa une fosse profonde dans le lit

(1) *Religions, Mœurs et Légendes*, 1, p. 230.
(2) *Revue archéologique*, tome XIX (1924), p. 195-207.

à sec, on y enterra le roi avec de grandes richesses, on rétablit le cours de la rivière et on immola les esclaves qui avaient creusé la sépulture afin que personne ne pût connaître l'endroit où le trésor avait été enfoui. Quelle est la part, dans cette chronique, de la vérité historique et quelle est celle de la légende? Les historiens ne peuvent répondre à cette question et sont tentés, par scrupule scientifique, de tout rejeter dans la légende. En revanche Van Gennep, par la méthode ethnographique, réussit à démêler le problème. Il recherche des exemples de ce mode de sépulture dans les documents que fournissent les ethnographes. Ils sont peu nombreux, mais cohérents : il ne trouve en effet que six occurrences de ce qu'il se propose d'appeler l' « inhumation sub-aquatique ». Dans tous ces cas, elle n'est employée que pour des individus d'une certaine classe, à savoir les grands chefs, les chefs suprêmes. On y retrouve les mêmes modalités : détournement d'une rivière, creusement d'une énorme fosse, enterrement de certaines richesses, immolation, parfois des femmes du chef, en tout cas des esclaves qui ont pris part au travail. La justification de cette dernière pratique est la même que dans le cas d'Alaric : laissés en vie, les esclaves pourraient être tentés de revenir déterrer les richesses enfouies. Pour Van Gennep ce dernier trait est légendaire, il est à classer dans l'innombrable folklore des trésors enfouis. En réalité, plus encore que les richesses, ce qu'il fallait protéger dans la sépulture, c'était la dépouille du chef lui-même. Ses ossements dispersés, il n'aurait pu continuer de protéger son peuple et son territoire, de régner encore *post mortem.* Selon la chronique, c'est Alaric lui-même qui voulut être ainsi inhumé afin de rendre perpétuel son droit de propriété sur l'Italie. Et Van Gennep ajoute : « Enterrer un chef, c'est comme enterrer des charbons, des monnaies, une borne ; c'est un rite de prise de possession. Dans le cas d'un chef, cette propriété du territoire est acquise à ses sujets et concitoyens, qui en occupent la surface. » Il est donc indispensable que cette inhumation soit rigoureusement inviolable.

En fait ce que Van Gennep souhaitait — consciemment ou inconsciemment —, c'était une histoire telle que nous la voyons se développer actuellement, issue précisément des travaux de Marc Bloch. Les querelles de frontières y sont supprimées ; les méthodologies se complètent l'une l'autre au lieu de s'exclure ou de se faire concurrence. C'est ce qu'exprime si bien Jacques Le Goff dans l'article, exemplaire quant à la question qui nous occupe, écrit en collaboration avec E. Le Roy-Ladurie et intitulé « Mélusine maternelle et défricheuse » (1) : « Ainsi le structuralisme (et l'histoire comparée), s'ils aident à liquider un historicisme fallacieux, celui de l'historicité « événementielle » des contes et légendes (chercher l'explication et, pis encore, l'origine d'un conte ou d'une légende dans un événement ou un personnage historique), permettent aussi, si on prête attention non seulement à la forme mais aussi au contenu mouvant, de mieux saisir leur fonction historique en rapport avec les structures sociales et idéologiques elles-mêmes. »

(1) *Annales,* mai-août 1971, p. 587-622.

CONCLUSION

Ce livre paraît l'année où Van Gennep aurait atteint sa centième année. Cependant son œuvre porte encore tous les attributs de la jeunesse et on n'a pas exploré toutes ses richesses ni tous les enseignements qu'elle comporte.

Le plus grand de ses mérites est sans doute d'avoir constitué le folklore français en tant que tel. Non que la France n'ait pas bénéficié des travaux d'un grand nombre de folkloristes de valeur : citons D. Dergny, P. Sébillot, P. Saintyves, et n'évoquons que pour mémoire la légion des obscurs érudits locaux et la multitude des sociétés savantes de province, qui amassèrent les documents, année après année, durant le XIXe siècle et le début du XXe. Mais tout cela ne constituait pas un ensemble, ni par son contenu disparate, ni par sa méthode inexistante ou presque. Van Gennep opéra un travail de synthèse, d'abord en essayant de couvrir un certain nombre de régions peu étudiées grâce à ses propres enquêtes (en 1937 il avait touché par ce moyen plus de 2 000 communes), ensuite en rassemblant dans le *Manuel* la majorité des documents disponibles. On a dit qu'il n'a pu mener à son terme cet ouvrage et qu'il y manque un certain nombre de rubriques. Mais celles-ci apparaissent cependant dans la bibliographie qui, bien qu'elle n'ait pas été mise à jour depuis sa mort, reste un instrument de travail sans équivalent. Le *Manuel* constitue donc une synthèse du folklore français élaboré dans le passé ; il est aussi un instrument méthodologique pour la poursuite des recherches. Van Gennep avait mis au point un questionnaire, utilisé d'abord en Savoie, qu'il modifiait à l'occasion selon les régions étudiées. Dans la préface du volume VII du tome premier du *Manuel*, consacré au cycle des Douze jours et paru après sa mort, R. Lecotté et G.-H. Rivière témoignent à la fois de cette méthodologie et de ce souci de synthèse : « Plus s'avançait la publication du *Manuel*, plus s'avérait lacunaire la documentation existante. Maintes fois, nous l'avons vu, le Maître devait provoquer, sinon effectuer lui-même, telle étude indispensable sur un sujet inexploré. Que de questionnaires n'a-t-il pas envoyés à travers la France, en vue de recueillir *in extremis* les détails permettant de structurer l'ensemble et de dégager les caractères essentiels d'un chapitre... » (p. x-xi). Mais s'il connaissait les mérites de ses questionnaires pour les avoir testés maintes fois, il savait voir l'utilité de ceux des autres puisqu'il en publia un certain nombre en tête des volumes de la bibliographie. Celle-ci constitue donc dans son ensemble un instrument de travail remarquable.

On dit aussi que son concept de rite de passage instituait un schéma heuristique de grande importance pour le folklore, car il permet d'organiser la masse hétérogène et touffue des faits. Proche de ce concept, sa méthode des séquences fonde véritablement la méthodologie des études folkloriques modernes, tout en démontrant l'inanité des anciens travaux comparatistes qui mettaient en parallèle les faits sur la base de leurs caractères communs superficiels. C'est la méthode de Frazer qui est ainsi rendue caduque (ce qui ne signifie pas que son œuvre ait perdu son intérêt, qui est à chercher ailleurs). En effet, pour Van Gennep, les rites et les actes sociaux en général n'ont pas de sens ni de valeur intrinsèques et constants. Leur sens et leur valeur dépendent de l'ensemble dont ils font partie et plus particulièrement des rites et des actes qui les précèdent et de ceux qui les suivent. « D'où l'on conclut que pour comprendre un rite, une institution ou une technique, il ne faut pas l'extraire arbitrairement de l'ensemble cérémoniel, juridique ou technologique dont il fait partie ; mais il faut toujours, au contraire, considérer chaque élément de cet ensemble dans ses rapports avec tous les autres éléments (1). » Rappelons pour mémoire l'exemple qu'il donne lui-même de cette méthode et qui concerne le rite d'aspersion dans la cérémonie du mariage en Savoie (v. p. 78). Il montre que ce même rite revêt des significations différentes selon les contextes cérémoniels et culturels dans lesquels on le célèbre. Comme Frazer, on peut donc le qualifier de comparatiste, mais on pourrait dire qu'à l'encontre de Frazer, il compare des faits d'apparence semblable pour montrer qu'ils ont souvent, sinon toujours, des sens diffé-

(1) *Titres et travaux*, p. 24.

rents. Cette méthode des séquences est issue du concept de rite de passage, mais elle le complète au cours de l'élaboration des données. Celui-ci permet d'organiser formellement la masse touffue des faits, celle-là permet d'accéder à leur signification, compte tenu de leur place à l'intérieur de l'ensemble formel précédemment dégagé.

Ce double apport de Van Gennep à la théorie du folklore est fondamental, mais il n'est pas le seul. Il existe dans son œuvre un certain nombre de notions, méthodes, pratiques de recherche qui sont de nos jours monnaie courante dans les travaux des folkloristes, sans que ceux-ci en rendent toujours justice à leur inventeur.

C'est sans doute la méthode cartographique qui est la mieux connue (1). Elle consiste à reporter sur une carte de la région étudiée, commune par commune, la présence ou l'absence d'un trait culturel (rite, croyance, culte, etc.). Il faut faire plusieurs remarques à ce sujet. Van Gennep s'oppose par là à ce qu'il appelle la « méthode des sondages » pratiquée par un grand nombre de folkloristes, tels Sauvé, Rocal, Cosquin et d'autres, dans leurs monographies. En effet, si on les lit attentivement, on s'aperçoit que leurs enquêtes ont porté, non pas sur la région ou la province tout entière comme pourrait le faire croire le titre de leurs livres, mais sur un petit nombre de communes, sinon sur une seule. Les sondages — dit Van

(1) Van Gennep l'expose sous son aspect pratique dans l'Introduction du *Manuel de folklore français contemporain* (p. 85-95) et sous forme plus théorique dans un article publié en 1934 dans la revue italienne *Lares* : « Contribution à la méthodologie du folklore ».

Gennep — ont sans doute leur valeur dans les recherches pétrolières ou les analyses chimiques, mais n'en ont aucune dans les enquêtes folkloriques. La critique qu'il fait à Sébillot est différente puisque celui-ci donne à son œuvre le titre de *Folklore de France*. En réalité il présente une collection de faits pris dans les différentes provinces françaises et rien ne permet de savoir s'il s'agit de faits généraux ou rares, normaux ou aberrants. La méthode cartographique oblige le chercheur à l'honnêteté, puisqu'elle montre les limites de son enquête et que sa valeur est fonction du degré d'exhaustivité de celle-ci.

Que peut-on attendre de l'établissement de ces cartes? Il ne faut pas leur attribuer — dit Van Gennep — de valeur explicative absolue. Elles ont pour principale fonction de faire apparaître les zones folkloriques. Celles-ci à leur tour aident à la compréhension des faits eux-mêmes, de leur nature, de leur origine, de leur diffusion. Ainsi Van Gennep, à l'issue de ses enquêtes en Savoie et du report sur carte d'un certain nombre de traits, a-t-il pu déterminer avec certitude quelques caractères, assez imprévisibles, des phénomènes folkloriques. Il s'est aperçu en premier lieu que ceux-ci évoluaient dans un plan complètement indépendant du plan naturel : les montagnes, les plaines, les déserts, les rivières ne constituent jamais un obstacle, non plus qu'une aide, à leur diffusion. Ensuite il a voulu déterminer si les zones folkloriques apparues sur ses cartes coïncidaient avec les limites des diocèses, dont on sait qu'ils furent très stables en France depuis l'Empire romain, les circonscriptions romaines n'ayant pas changé de limites lorsqu'elles devinrent diocèses religieux ou mandements laïcs. Là non plus aucune coïncidence n'apparaît. On se demandera alors quels sont les critères positifs d'apparition et de diffusion des phénomènes relevant du folklore. Van Gennep a pu les établir avec assez de précision pour ce qui concerne le culte des Saints en Savoie. Il s'est aperçu que le culte, liturgique et populaire, d'un Saint franchissait donc les limites des diocèses, se fixant de-ci de-là en dehors de l'autorité centrale. Les facteurs de propagation, quand on les retrouve, sont des personnages ecclésiastiques (évêques) ou des nobles (par le jeu des alliances matrimoniales) ; ce sont souvent aussi les couvents, les corporations, les fondations. Il s'agit par conséquent d'éléments d'action individuelle, ce qui permet de vérifier la thèse, appuyée sur les propres enquêtes de terrain de Van Gennep, selon laquelle le populaire n'est pas assimilable au collectif : l'origine et la transformation des faits de folklore sont à chercher chez les individus et non dans le peuple tout entier qui est, quant à lui, le milieu de propagation et de transmission (voir p. 87 et 109).

Dans l'article sur la méthodologie du folklore, Van Gennep aborde tous les problèmes que fait surgir l'existence de zones folkloriques et, outre ceux dont on vient de parler, celui de leur apparition en négatif, si l'on peut dire. Il est sans doute facile d'affirmer que les faits absents dans une zone ont disparu. Mais il serait alors souhaitable de prouver par les textes qu'ils existaient autrefois, d'expliquer pourquoi ils ont disparu à la fois d'une manière générale et dans telles localités mais non dans telles autres, pourquoi les disparitions sont topographiquement groupées et non pas isolées, pourquoi enfin dans les zones positives le phénomène s'est maintenu. Il prend l'exemple du *charivari*, c'est-à-dire des manifestations de la communauté villageoise lors du remariage d'un veuf ou d'une veuve. Cette coutume encourut en Savoie l'interdiction des autorités religieuses et civiles depuis le xve siècle au moins. Ces défenses étaient assorties de pénalités. Normalement la coutume devrait avoir disparu, or l'on s'aperçoit qu'il n'en est rien. Presque partout la coutume apparaît comme positive et si elle est parfois donnée comme absente, c'est parce qu'elle n'a plus l'occasion d'être célébrée, les mariages de veufs étant très rares. « Donc ces négations ne sont pas absolues ; elles signifient seulement que la coutume est *latente*. Et je crois bien que cette manifestation précise de *coutumes latentes* est également l'un des résultats nouveaux de ma méthode d'enquête et de présentation » (p. 31).

Cette méthode fait en effet appel à une véritable dialectique du positif et du négatif, sur laquelle Van Gennep revient avec beaucoup d'insistance et avec l'accent de conviction présent chez lui quand il est certain de la vérité de ses intuitions (ainsi en fut-il pour la notion de rite de passage, voir p. 69). L'originalité de sa méthode cartographique consiste à faire le report des traits aussi bien négatifs que positifs. « J'ai amélioré... cette méthode en ajoutant, dans le domaine du folklore français, à l'élément positif jusqu'ici seul considéré, l'élément négatif, qui à mon sens, du point de vue interprétatif, a une valeur positive aussi, mais de l'autre côté du Zéro. J'ajoute aussitôt que quand j'emploie ce terme de Zéro, je ne lui attribue aussi qu'une valeur variable, parce que tous les phénomènes psychiques et sociaux sont complexes ; et que fixer quelque part le Zéro ne peut être qu'une opération arbitraire » (p. 24-25). On vient de voir comment l'absence peut recouvrir la présence : absence actuelle, mais présence ancienne, absence apparente, mais présence latente. Au-delà même de ceci qui reste encore dans le domaine de la contingence historique, il y a ce fait, sans doute mal explicité par Van Gennep : le négatif est, tout autant que le positif, constitutif de l'être. La zone folklorique se définit autant par les traits qu'on y trouve que par ceux qu'on n'y trouve pas, mais qui sont peut-être présents dans la zone folklorique voisine. C'est par là qu'elle se constitue en tant que telle. Il rappelle à ce propos que déjà en 1904, dans son premier livre intitulé *Tabou et totémisme à Madagascar*, il posait que le tabou, c'est-à-dire l'interdiction, était un équivalent du rite positif et non pas une institution à part. L'énonciation du tabou est sans doute négative, mais sa fonction est tout à fait positive.

Dans l'Introduction du *Manuel*, il revient sur les mérites et les limites de la méthode cartographique (p. 104-105). Les cartes permettent de faire apparaître les coïncidences dans la répartition de divers traits culturels. Mais, d'après les exemples qu'il donne, c'est surtout l'absence de coïncidence qui se manifeste le plus : « On découvre ainsi, par exemple, que l'arrangement territorial féodal n'a réagi ni sur la langue ni sur les mœurs du peuple. On voit aussi, [...], que les divisions en provinces et en départements ne correspondent pas à des divisions en zones folkloriques ; ou encore que si on prend les diverses catégories du folklore, il n'y a pas de coïncidences géographiques entre elles, les cérémonies du mariage, par exemple, ayant manœuvré dans un plan territorial et celles du culte des saints ou des fêtes patronales dans un autre. » Ainsi donc l'établissement de cartes ne permet aucune interprétation : elle ne fait que poser les problèmes à partir de la base concrète des faits eux-mêmes.

Quant à l'interprétation, c'est au niveau des composantes psychiques qu'il faut les chercher. Il est frappant de constater que, tout au long de son œuvre, Van Gennep fait appel à la psychologie lorsqu'il arrive au terme de ses analyses : ainsi dans *La Formation des légendes* (1910), après avoir montré comment se faisaient les transformations des motifs mythiques (voir p. 56) ou dans le *Manuel* quand il compare le monde du folklore au « monde comme si » du philosophe Vaihinger (voir p. 113). Il fait de même dans cet article intitulé « Contribution à la méthodologie du folklore ». Il y affirme en effet que le but d'une monographie folklorique est « de montrer l'interaction des sentiments, des concepts et des jugements qui constituent l'activité psychique individuelle et l'activité psychique collective dans un groupe social donné [...] car en définitive, le problème profond est toujours d'arriver à évaluer le rapport, souvent fugitif, des constantes et des variantes » (p. 28-29).

On peut voir d'après les notes fragmentaires destinées aux conclusions du *Manuel* et restées inédites, qu'il projetait un assez long développement sur les zones folkloriques et en particulier le problème des unités territoriales que constituent les *pagi* ou « pays » dans le folklore de la France. Là encore il affirme que ni la géologie, ni la géographie humaine ou économique, ni l'histoire politique ou administrative, ni la linguistique ne permettent d'expliquer les ressemblances et les différences entre ces « unités » et il conclut : « Dans ces conditions la notion de « pays » relève beaucoup plus de la psychologie que de n'importe quelle autre discipline, et apparaît comme partiellement subordonnée à une communauté, je ne dis pas de langue, mais de sous-dialecte ; à une communauté d'orientation morale et mentale ; et à une communauté d'intérêts. »

On mesure mal en 1973 les apports de Van Gennep à la méthodologie du folklore parce qu'ils en sont devenus les bases incontestées. Il a clos l'ère des travaux d'amateur. On ne veut pas dire par là que ceux-ci manquaient d'intérêt, tant s'en faut ; ils en ont parfois plus que des études plus récentes de « savantasses » (comme eût dit Van Gennep) qui croient qu'il suffit de délaisser l'appellation désormais méprisée de « folklore » pour rendre scientifiques leurs travaux. C'est en revanche par la rigueur et l'honnêteté intellectuelle que Van Gennep a réhabilité les études de folklore. En rejetant la méthode des sondages, il a montré la nécessité de mener les investigations dans toutes les communes de la région considérée : la méthode cartographique en apporte la preuve tout en permettant de présenter les documents recueillis et de faire apparaître à la fois des problèmes et des hypothèses, puisque, de cette manière, on définit les limites des zones folkloriques.

Du point de vue théorique, il a mis en lumière la dialectique des faits relevant du folklore grâce à des oppositions telles que : absence/présence, constantes/variantes, individuel/collectif, latent/actuel, positif/négatif, etc. Dès 1909 il proclamait l'absolue nécessité de ne pas isoler les coutumes, les rites, les croyances ou les thèmes mythiques de leur contexte, faute de laisser échapper leur sens. Cette exigence est réitérée dans ses notes inédites : « Une coutume est l'expression d'un complexe psychique, rationnel, sentimental et social ; de plus une coutume n'existe pas seule ; elle est liée organiquement à toutes les autres. »

En dépit de ses apparences touffues et désordonnées, son œuvre est remarquablement cohérente, sans jamais apparaître comme figée ni dogmatique : des schémas réflexifs et méthodologiques se retrouvent — on vient encore d'en donner un exemple — dès ses premières œuvres publiées aussi bien que dans les dernières (ou même dans les notes en vue de livres encore à l'état de projets). On a cependant dit à plusieurs reprises que Van Gennep était un médiocre théoricien. Il est vrai qu'il lui était difficile de systématiser les concepts et notions découverts par lui ; il a mis en lumière des schémas d'organisation mais sans en tirer de véritable théorie. De façon un peu paradoxale, c'est peut-être là le mérite le plus grand de Van Gennep et l'intérêt essentiel de son œuvre. Cette absence de théorie laisse toute sa liberté au lecteur, sans rien retirer à la valeur des faits présentés, bien au contraire. Dans ce cas en effet, l'auteur est guidé par ce que l'on appelle communément l'intuition, et Van Gennep n'en manquait pas, loin de là. Mais celle-ci n'est en réalité rien d'autre que l'inconscient qui fonctionne librement dans le processus du choix et de l'organisation des faits. Les théoriciens inhibent son libre jeu en interposant leurs édifices théoriques qui les obligent à faire un tri dans les faits ou leur font courir le risque de gauchir ceux-ci. En revanche les travaux d'auteurs comme Van Gennep (ou d'une manière un peu différente comme Frazer) sont de loin plus utiles pour une interprétation ultérieure. On a l'assurance que leurs documents ont l'authenticité de l'inconscient, puisque le travail s'est fait en quelque sorte d'inconscient à inconscient, d'un inconscient dit « collectif » à un inconscient individuel. Tandis que l'œuvre des théoriciens se fige au fur et à mesure que les années passent et en fin de compte ne conserve plus d'intérêt que pour l'histoire des idées, en revanche une œuvre comme celle de Van Gennep peut suivre le cours de l'évolution de la science, car elle reste vivante, mobile et protéiforme.

On a pu voir par les nombreuses citations extraites de ses livres et articles combien son expression restait toujours claire et compréhensible, et combien sa langue, sans être d'une grande beauté, avait de charme. « J'ai eu la chance — dit-il dans l'article intitulé « Contribution à la méthodologie du folklore » — [...] de me regarder comme un fils du XVIIIe siècle français, et non du XIXe siècle. Autrement dit, j'ai la chance suprême de craindre la dissimulation de la pensée sous les termes dits techniques [...] Les psychologues de valeur ont toujours réussi à décrire toutes les nuances avec des mots simples » (p. 28). Il observa toujours le principe selon lequel « plus un problème est complexe, plus on doit arriver à le présenter simplement. C'était l'opinion de Montaigne, de Descartes et de toute notre lignée de penseurs [...] sans vocabulaire spécial » (*ibid*.). Quant au charme de sa langue, c'est le charme même de sa personnalité, honnête, sincère, authentique, généreuse, compréhensive, pleine d'humanité et cependant non dépourvue de dignité et de rigueur.

TEXTES

TEXTES

[...] Le domaine propre de l'ethnographie c'est la période des débuts : elle étudie directement les facteurs et les modalités de la *genèse* même des activités humaines ; elle cherche à discerner le point de départ des arts, des techniques, des institutions, des manières de sentir et de penser, de parler et de chanter, de dessiner et de fabriquer ; et c'est elle qui édifie ainsi les bases sur lesquelles se construit ensuite, grâce à toutes les autres branches d'étude, la connaissance exacte et complète de l'humanité agissante et pensante.

Aux limitations successivement indiquées ci-dessus nous pouvons maintenant ajouter la suivante : l'ethnographie n'est pas la science générale des civilisations ; mais elle est, si je puis dire, l'*Introduction à la science générale des civilisations*. Elle analyse les phénomènes culturels sous leur forme relativement primitive. J'y insiste : *relativement*. Car il ne viendra à l'esprit de personne de penser qu'il soit possible de rencontrer de nos jours, en quelque endroit de la terre que ce soit, des faits de civilisation qui seraient primitifs absolument. Et d'autre part, le progrès des connaissances naturelles et historiques interdit d'admettre la généralité d'un phénomène aussi localisé et aussi rare que la dégénérescence. Bien que périmée, cette théorie de la dégénérescence ou, comme on disait au XVIIIe siècle, de la dépravation des sociétés humaines, rencontre encore de nos jours quelques adeptes attardés, qui croient, comme à un article de foi, que l'homme à ses débuts fut parfait et connut la vérité tout entière. Il est certain que cette opinion demeure en dehors de tout contrôle, et aussi en dehors de toute discussion scientifique ; nous n'avons pas à restituer un homme primitif hypothétique, mais à tâcher de comprendre ce qu'ont pu être les hommes autrefois, en examinant de près, et sans parti-pris aucun, ce qu'ils sont aujourd'hui.

Pour nous, l'homme est dans la nature, mais non en dehors de la nature ni au-dessus d'elle ; il est donc soumis aux grandes lois naturelles de constance, de variabilité et d'oscillation. Ces lois se discernent tout autant dans l'évolution des civilisations que dans celle des êtres vivants ; et l'ethnographie n'aurait pas le droit d'ignorer que l'un de ses objets les plus importants, ce sera précisément de déterminer sous quelles formes ces grandes lois générales régissent les activités humaines. C'est pourquoi, en tant que science introductive, elle doit jeter les bases de ce qu'on peut appeler la philosophie des techniques, tout comme elle introduit à la philosophie de l'art, à celle du langage et à celle de la mentalité. Je sais bien que, pris dans ce sens, ce terme de « philosophie » est vieilli. Mais il me permet d'exprimer au moins rapidement ceci : que l'ethnographie n'est pas descriptive seulement, mais qu'elle a le devoir de concourir à la solution des grands problèmes que pose l'application de l'idée d'évolution aux phénomènes mentaux et culturels. Tout en étant science d'érudition et science d'enquête directe, l'ethnographie doit donc contribuer pour sa part, et cette part n'est point petite, à l'édification des synthèses générales.

(*Titres et travaux*, p. 16-17.)

LA MÉTHODE COMPARATIVE

Ce principe est très simple. Auparavant les « comparateurs », si je puis dire, qui voulaient étudier un phénomène accumulaient des parallèles empruntés à toutes sortes de civilisations et à toutes sortes d'ensembles cérémoniels, sans se soucier aucunement des conditions concomitantes afin de montrer qu'aucun des phénomènes connus, quelque étrange ou bizarre qu'il puisse paraître, n'est singulier, ni insensé.

Mais, ce qui frappe, c'est que le sens qu'on trouve ainsi à un rite ou à une technique considérés isolément n'est jamais qu'un sens superficiel. Tuchmann a eu beau recueillir, pendant des années et des années, tous les documents relatifs à la fascination, il n'a pas avancé d'un pas les questions qui se posent chaque fois qu'on a à étudier un fait de fascination dans des conditions locales, ethniques et culturelles déterminées. J'ai donc essayé de déterminer à l'intérieur de quelles limites la comparaison ethnographique était licite et sûre, en considérant d'abord les rites, puis les mythes, légendes et contes, et enfin les techniques.

Le résultat de mon enquête, qui m'a occupé une douzaine d'années, c'est qu'un rite ou un acte social n'a pas une valeur ni un sens intrinsèques définis une fois pour toutes ; mais qu'il change de valeur et de sens selon les actes qui le précèdent et ceux qui le suivent ; d'où l'on conclut que pour comprendre un rite, une institution ou une technique, il ne faut pas l'extraire arbitrairement de l'ensemble cérémoniel, juridique ou technologique dont il fait partie ; mais il faut toujours, au contraire, considérer chaque élément de cet ensemble dans ses rapports avec tous les autres éléments. Le terme de « méthode des séquences » exprime précisément le caractère de cette attitude : pour que la comparaison ethnographique acquière sa valeur réelle, on doit comparer entre elles des séquences ou séries de faits, mais non pas des faits isolés. Ainsi tombe l'un des grands arguments de l'école purement historique contre notre méthode.

(*Titres et travaux*, p. 23-24.)

LES RITES DE PASSAGE

Voici terminé notre examen rapide des cycles cérémoniels par lesquels passe l'homme dans toutes les circonstances graves de sa vie. C'est là une esquisse à peine d'un vaste tableau dont chaque détail aurait à être étudié avec soin.

Nous avons vu l'individu catégorisé dans des

compartiments divers, synchroniquement ou successivement, et, pour passer de l'un à l'autre afin de pouvoir se grouper avec des individus catégorisés dans d'autres compartiments, obligé de se soumettre, du jour de sa naissance à celui de sa mort, à des cérémonies souvent diverses dans leurs formes, semblables dans leur mécanisme. Tantôt l'individu était seul en face de tous ces groupes ; tantôt comme membre d'un groupe déterminé, il était séparé de ceux des autres. Les deux grandes divisions primaires étaient, soit à base sexuelle, hommes d'un côté, femmes de l'autre ; soit à base magico-religieuse, le profane d'un côté, le sacré de l'autre. Ces deux divisions traversent toutes les sociétés, d'un bout à l'autre du monde et de l'histoire. Puis il y a les groupements spéciaux ne traversant que quelques sociétés générales : sociétés religieuses, groupes totémiques, phratries, castes, classes professionnelles. A l'intérieur de chaque société apparaissent ensuite la classe d'âge, la famille, l'unité politico-administrative et géographique restreinte (province, commune). A côté de ce monde complexe des vivants, il y a le monde d'avant la vie et celui d'après la mort. Ce sont là les constantes, auxquelles on a ajouté les événements particuliers et temporaires : grossesse, maladies, dangers, voyages, etc. Et toujours un même but a conditionné une même forme d'activité. Pour les groupes, comme pour les individus, vivre c'est sans cesse se désagréger et se reconstituer, changer d'état et de forme, mourir et renaître. C'est agir, puis s'arrêter, attendre et se reposer, pour recommencer ensuite à agir, mais autrement. Et toujours ce sont de

Arnold Van Gennep.

nouveaux seuils à franchir, seuils de l'été ou de l'hiver, de la saison ou de l'année, du mois ou de la nuit ; seuil de la naissance, de l'adolescence ou de l'âge mûr ; seuil de la vieillesse ; seuil de la mort ; et seuil de l'autre vie — pour ceux qui y croient.

(*Les Rites de passage*, p. 271-272.)

LE PASSAGE MATÉRIEL

Bien qu'en règle générale le territoire occupé par une tribu demi-civilisée ne soit défini que par des accidents naturels, ses habitants et leurs voisins savent fort bien dans quelles limites territoriales s'étendent leurs droits et leurs prérogatives. Mais il arrive que la borne naturelle soit un rocher ou un arbre, une rivière ou un lac sacrés, qu'il est interdit de franchir ou de dépasser sous peine de sanctions surnaturelles. Ce cas semble cependant assez rare. Souvent la limite est marquée par un objet, poteau, portique, pierre debout (borne, terme, etc.) qui ont été placés en cet endroit avec accompagnement de rites de consécration. La protection de l'interdiction peut être immédiate ou médiate (divinités des frontières, représentées par exemple sur les kudurru babyloniens ; Hermès, Priape, etc., divinités des bornes ; etc.). Par la pose ou la fixation cérémonielles des bornes ou des limites (charrue, peau de bête coupée en lanières, fossé, etc.), un espace déterminé du sol est approprié par un groupement déterminé de telle manière que pénétrer, étant étranger, dans cet espace réservé, c'est commettre un sacrilège au même titre que pénétrer, étant profane, dans un bois sacré, un temple, etc.

[...] La défense de pénétrer sur un tel territoire a donc le caractère d'une interdiction qui s'exprime à l'aide de bornes, de murs, de statues dans le monde classique, et à l'aide de moyens plus simples chez les demi-civilisés. Il va de soi que ces signes ne sont pas plus mis sur toute la ligne frontière que chez nous les poteaux, mais seulement aux lieux de passage, sur les chemins et aux carrefours. Le moyen le plus simple consiste à placer au milieu ou en travers du chemin un paquet d'herbes, un morceau de bois, un pieu muni d'une gerbe, etc. Plus compliquée déjà est l'érection d'un portique accompagné ou non d'objets naturels ou de statues plus ou moins grossières, procédés divers que je n'ai pas à décrire en détail ici.

(*Les Rites de passage*, p. 20-22.)

VIE DES SAINTS ET ROMAN-FEUILLETON

De la lecture récente de quelques *Vie des Saints* et de leur comparaison, il m'est resté cette impression que les *Vies*, les *Passions*, les *Martyrologes* ne furent pas autre chose au Moyen Age que la seule forme alors possible du roman-feuilleton.

Mêmes enchaînements de péripéties ; mêmes suspensions de l'intérêt dramatique ; mêmes allées et venues des personnages secondaires ; même psychologie rudimentaire des héros principaux ; mêmes procédés pour délayer à l'infini des thèmes goûtés du public ; mêmes modes passagères ; mêmes déplacements de personnages ; mêmes cristallisations autour d'un Rocambole — mais vertueux et saint ; — et il y a mieux : mêmes coupures quotidiennes. Car si de nos jours le lecteur trouve chaque matin sa « suite » sur laquelle il se précipite sitôt levé, jadis dans les couvents et les églises, à prime et à matines, le chrétien fidèle entendait lui aussi sa « suite » d'une *Passion* ou d'une *Vie*, et sa journée s'en trouvait dramatiquement sanctifiée, tout comme est dramatiquement auréolée dès la prime heure la journée laborieuse des lecteurs du rez-de-chaussée de nos quotidiens.

Sans doute les dénouements étaient autres. Ou plutôt notre siècle pratique préfère savoir que les héros torturés ont dès cette vie trouvé une digne compensation de leurs maux. Jadis on était moins exigeant, et l'on était tout heureux de penser qu'après tant de souffrances et de tribulations, le Saint ou le Martyr avait, après l'opération décisive, gagné la félicité éternelle — pesez la portée de ce mot —, en la société des anges et de ses prédécesseurs héroïques. En somme, la punition du vice, à savoir les indicibles tourments de l'enfer, apparaissait au public chrétien comme quelque chose d'imaginable grâce à des descriptions intercalées dans les sermons, ou plus simplement par un mécanisme de transfert. Il suffisait en effet d'admettre que les supplices infligés sur cette terre aux martyrs seraient appliqués, exactement semblables, à leurs tourmenteurs le jour où ceux-ci auraient atteint les régions infernales, supplices non pas temporaires, mais éternels, constamment infligés sans trêve ni répit à des corps éternels... C'était là une application simple et consolante du vieux principe *œil pour œil, dent pour dent*. Et si le bourreau avait quelques heures tenaillé d'un fer rouge la sainte chair du martyr, n'était-il pas moral

que ses chairs à lui fussent ensuite tenaillées éternellement par des fers constamment incandescents, puisque infernaux !
(*Religions, Mœurs et Légendes*, III, p. 150-151.)

NATURE ET SEXUALITÉ

Que dans toute la série biologique, depuis les êtres les plus primitifs jusqu'à l'homme le plus évolué, la sexualité soit le pôle autour duquel viennent s'imbriquer toutes les impressions, tous les sentiments, toutes les pensées est l'évidence même... Dans nos codes modernes subsistent encore toutes sortes de vestiges de périodes antérieures, où la sexualité était regardée comme l'ennemie ; et ce n'est pas sans luttes que l'on extirpe peu à peu ces restes barbares de nos législations.

En somme, le progrès de l'humanité consiste à adapter l'homme à la nature ; et c'est un fait bizarre que sans cesse l'artificiel, inventé par l'homme même, le détourne de la liberté de vivre, qui est son vrai but.

[...] Ainsi, aux difficultés économiques qui déjà s'opposent à notre plein épanouissement, dans un système de civilisation où la distribution des biens est en sens inverse de leur production, vient s'ajouter un scrupule de pure invention humaine, scrupule qui diminue à la fois la puissance de réceptivité et la puissance d'expression de qui en souffre... C'est un fait d'observation que, sauf cas d'atrophie partielle [...], un individu qui exerce normalement sa fonction sexuelle a des sensations de vue, d'odorat, d'ouïe, de goût, épidermiques, et par contrecoup une vie psychique, bien plus développées, parce qu'ici joue le mécanisme des irradiations.

De la sexualité dépendent l'art plastique, la musique, la littérature, mieux encore : la science.

(La Sexualité, fait naturel.
La Psychologie et la Vie, 6ᵉ année,
nᵒ 8, août 1932, p. 210-211.)

LE PRINCIPE D'HITLER

Il faut reconnaître d'ailleurs qu'il [Hitler] est d'une habileté suprême à juxtaposer les contradictions et à imposer à ses « sujets » des termes composés qui, ne voulant rien dire, permettent de tout penser. Il me rappelle le célèbre ethnopsychologue Wilhelm Wundt qui, se voyant incapable de distinguer nettement le *Mythus* (mythe) du *Märchen* (conte populaire), fabriqua les termes de *Mythusmärchen* et son contraire *Märchenmythus*, lesquels ne désignent plus ni l'un ni l'autre, mais les désignent tout de même en même temps, tout en les distinguant sans les distinguer. Sûrement, Hitler a lu Wundt. Ce qui d'ailleurs ne diminue pas son dynamisme personnel, n'augmente pas l'intelligence de ses partisans et oblige de compter avec son mouvement d'une manière très sérieuse, sinon avec angoisse.

Après quoi, peut-être, les Allemands sauront ce qu'est la liberté.

(*Mercure de France*, 1ᵉʳ déc. 1933, p. 482.)

DANGERS DE LA SPÉCIALISATION EN FOLKLORE

Dans l'élaboration du plan d'enquête et dans le mode de présentation, je suis allé de l'universel au particulier, du comparatif ethnographique mondial au monographique strictement localisé et temporisé alpestre ou provincial français. Autrement dit, les succès déjà obtenus sont dus à ce que, connaissant presque toutes les possibilités de variation des rites de passage, des cérémonies saisonnières, des cultes des saints, de marabouts, etc., des rites magiques et religieux, j'avais plus de chance qu'un autre, qui serait allé du particulier au général, de discerner les dominantes possibles, les variantes possibles et les incompatibilités ou les discordances. C'est exactement comme un bon spécialiste en médecine ou en chirurgie, qui a fait d'abord dix ou douze ans d'études de médecine générale, d'internat dans les hôpitaux, et qui ensuite seulement s'est spécialisé en largyngologie ou en gynécologie. Se spécialiser d'abord, comme on tend à le faire de nos jours, quitte à tenter ensuite de se « tenir au courant » de la médecine générale, est un mauvais système.

Ce qui revient à conseiller à ceux qui voudraient, dans leur région, faire des enquêtes semblables de bien s'instruire d'abord dans l'ethnographie générale, dans le folklore national et comparatif, de suivre des cours méthodologiques et descriptifs. Car sinon, ils passeront à côté des faits, tout comme je passerais moi-même à côté des faits si l'on me chargeait d'une enquête de géologie, science où je suis complètement ignorant.

(« Contribution à la méthodologie du folklore »,
p. 33-34.)

Car les mœurs et coutumes font partie de l'armature psychique et constituent le milieu mental auquel chaque individu s'adapte inconsciemment dès même le jour de sa naissance et en vertu des qualités ancestrales héritées. De ce point de vue, qui a été acquis peu à peu par les recherches en tous pays des ethnographes et des folkloristes, les mœurs et les coutumes ne sont plus à considérer, comme on le faisait il y a une centaine d'années encore, comme des bizarreries, des curiosités ou même des dégénérescences. La vie rurale n'est pas une mauvaise imitation de la vie bourgeoise ou de cour : c'est d'elle au contraire que les bourgeois, les courtisans, nos hommes de génie même ont tiré leurs forces les meilleures, leur puissance d'émotion, leurs facultés d'analyse et de synthèse, bref leur valeur humaine. Ceci se marque nettement dans notre littérature et fait que Corneille et Molière, Rabelais ou Montaigne, Flaubert et Mistral ont un ton à eux, inimitable. Et c'est le mélange de toutes ces particularités de nos pays et cantons qui, amalgamé dans la forge de Paris, a fait de cette ville le réservoir de tendances si diverses et pourtant unifiées.

(Notes inédites conservées aux Archives
des arts et traditions populaires.)

WELLÉRISMES FRANÇAIS

Quiconque a lu *les Aventures de M. Pickwick* se rappelle sans doute le fidèle domestique Sam

Weller, et son digne père. Or, ce Sam Weller a parfois une manière si particulière de s'exprimer que les folkloristes qui s'efforcent de classer les proverbes et dictons lui ont assuré une gloire de plus en donnant son nom à une catégorie d'expressions qui n'est en somme ni celle des proverbes, ni celle des dictons, et qu'on ne voit pas comment désigner autrement en Europe bien que, si l'on prenait pour point d'appui l'Orient musulman, on puisse dire que ce sont des *hadiths*, c'est-à-dire des opinions attribuées à une autorité réelle ou supposée et transmises par la tradition sous une forme fixe.

Il est inutile de reproduire ici tous les *hadiths* de Sam Weller [...] Les premiers qu'on rencontre en lisant *M. Pickwick* suffiront. Quand, dans le chapitre X, Sam Weller est en train de cirer les bottes des clients de l'auberge et que la petite bonne lui demande de cirer d'abord celles du n° 22, il objecte : « Non, non, chacun son tour, comme disait Jack Ketch à des particuliers qu'il avait à pendre. » [...] Dans le chapitre XI, à la fin, quand M. Pickwick a fait appeler Sam Weller pour l'embaucher comme domestique et dit qu'il va lui expliquer de quoi il s'agit : « C'est ça, monsieur, accouchons, répond Sam Weller, comme dit cet autre à son enfant qui avait avalé un liard. » [...] Le procédé consiste donc à formuler une évidence, un truisme ou un coq-à-l'âne en se réfugiant derrière l'autorité d'une personne connue ou inconnue, réelle ou imaginaire. Les formules de Sam Weller peuvent provenir d'ouï-dire ou de lectures ; peut-être Dickens les a-t-il recueillies directement dans le peuple.

[...] Il y a des wellérismes même dans les auteurs latins et grecs, par exemple chez Platon : « L'eau vous le dira, dit le guide au voyageur qui demandait si la rivière était profonde. » [...] Mais le fait curieux est que Taylor n'a pas pu en trouver, sauf deux ou trois cas très rares, en France, en Italie, en Espagne ou au Portugal.

C'est un fait que j'avais déjà signalé autrefois dans le *Mercure de France*... et je n'avais pu citer alors que : « Oh, oh, dit-il en portugais. » Taylor cite mon exemple et ajoute : « L'appétit vient en mangeant, dit Engest du Mans, et la soif en buvant » (Rabelais, *Gargantua*). « Faut pas cracher sur la vendange, a dit le papa Noé » (Balzac, *Les Paysans*). Ce dernier exemple a été emprunté directement par Balzac au peuple [...] Or, depuis... j'ai réussi à noter d'autres wellérismes français que voici :

Entendu à Nice en passant dans la rue : « Ne te tape pas sur les doigts, comme disait la femme du forgeron à son mari quand il battait le fer rouge. »

Obtenu à Écurie, près Arras : à quelqu'un qui vous demande du tabac on répond : « T' as pas d' tabac, alors casse ta pipe, a dit Jésus-Christ à ses disciples. »

Même localité : « Faut pas qu'y aye deux femmes qui pissent sur le même fumier, comme dit la mère X. »

[...] Je trouve un cas de formation possible dans le premier volume du *Voyage en Suisse* d'Alexandre Dumas. Les six jeunes gens partent de Martigny et sont conduits par un cocher ivre qui, à chaque tournant dangereux, leur crie : « As pas peur, Napoléon a passé par ici. » Plus tard, à chaque aventure qui leur arrive, l'un ou l'autre s'écrie de même : « As pas peur, Napoléon a passé par ici » ; et tous de rire, l'allusion au cocher ivre étant sous-entendue. Supposons leur rencontre quelques années plus tard à Paris, il suffira que l'un ou l'autre rappelle ce voyage cocasse et répète la formule en ajoutant : « Comme disait le cocher de Martigny » pour avoir un wellérisme parfait.

C'est une supposition, mais dans la pratique, je crois bien que c'est ainsi que les choses se sont passées et que dans la plupart des cas, toute identification du témoin cité est devenue impossible.

(*Mercure de France*, 15 déc. 1933, p. 700-704.)

BIBLIOGRAPHIE

La bibliographie des œuvres de Van Gennep a été établie et publiée par sa fille Ketty. Bien que très abondante, elle n'est cependant pas exhaustive. Les comptes rendus et analyses de livres n'y sont signalés qu'avec l'indication des revues où ils ont paru (nom de la revue, date et pagination). Une courte biographie la précède ; quatre index (des noms propres, des noms géographiques, des matières et des périodiques) la complètent :

K. Van Gennep. *Bibliographie des œuvres d'Arnold Van Gennep.* Préface de G.-H. Rivière. Paris, A. et J. Picard, 1964, 93 p.

Une bibliographie beaucoup plus minutieuse avait été établie par lui-même lors de sa candidature au Collège de France ; mais elle ne va que jusqu'à 1911 :

Notice des titres et travaux scientifiques de M. A. Van Gennep. Paris, impr. Ch. Renaudie, octobre 1911.

On trouvera ci-dessous les ouvrages les plus importants de Van Gennep. La plupart sont hors-commerce, mais peuvent être consultés dans les bibliothèques.

1904 : *Tabou et totémisme à Madagascar. Étude descriptive et théorique.* Paris, Leroux, 363 p. (Bibliothèque des Hautes Études, sciences religieuses, t. XVII).

Il s'agit du diplôme qu'il avait présenté à l'École des Hautes Études sous la direction partielle de Léon Marillier, dont la conférence avait pour titre « Religions des peuples non civilisés » (voir la note de la p. 7).

1906 : *Mythes et légendes d'Australie. Étude d'ethnographie et de sociologie.* Paris, Guilmoto, cxvi-188 p.

1908-1914 : *Religions, mœurs et légendes. Essais d'ethnographie et linguistique.* Paris, Mercure de France, 5 volumes.

Dans cette série de cinq volumes parus successivement en 1908, 1909, 1911, 1912 et 1914, Van Gennep rassembla les articles jugés par lui les plus importants et déjà publiés dans diverses revues. Cette sélection nous donne accès à un aspect très attachant de sa personnalité scientifique : sa curiosité extrêmement vive, ses dons d'observation, son goût de la polémique, l'étendue de sa culture.

1909 : *Les Rites de passage.* Paris, Nourry, 288 p.

Ce livre capital a été réédité en fac-similé en 1969 conjointement par Johnson reprint et Mouton (coll. Maison des Sciences de l'Homme, Rééditions V). On a eu l'heureuse idée d'ajouter à la fin du volume les corrections portées à la plume et au crayon par Van Gennep lui-même sur son exemplaire personnel.

1910 : *La Formation des légendes.* Paris, Flammarion, 326 p.

Une seconde édition a paru en 1922.

1911 : Études d'ethnographie algérienne. *Revue d'ethnographie et de sociologie,* t. II, 112 p.

1911 : *Les Demi-savants.* Paris, Mercure de France, 210 p.

1914 : *En Algérie.* Paris, Mercure de France, 220 p.

1916 : *En Savoie.* T. I : *Du Berceau à la tombe.* Chambéry, Dardel, 328 p.

Il avait annoncé un second volume intitulé *Du Jour de l'An à Noël* qui ne parut jamais.

1920 : *L'État actuel du problème totémique. Étude critique*

des théories sur les origines de la religion et de l'orga-
nisation sociale. Paris, Leroux, 363 p.

Ce livre parut d'abord sous forme d'articles dans
la *Revue de l'Histoire des Religions*, t. 75, p. 295-370,
t. 76, p. 281-347, t. 79, p. 14-74, t. 80, p. 86-153 et
193-270. Ce fut sa thèse de doctorat ès-lettres.

1922 : *Traité comparatif des nationalités.* T. I : *Les
Éléments extérieurs des nationalités.* Paris, Payot,
228 p.

Ce traité devait comprendre deux autres tomes
qui ne parurent pas : II. *La Formation de la nationalité,*
III. *La vie des nationalités.*

1924 : *Le Folklore. Croyances et coutumes populaires
françaises.* Paris, Stock, 128 p. (La Culture moderne,
t. XI).

1932-1933 : *Le Folklore du Dauphiné (Isère). Étude
descriptive et comparée de psychologie populaire.* Paris,
Maisonneuve, 2 vol., 792 p. (Les Littératures populaires de toutes les nations, II-III).

Ces volumes inaugurent la série des grandes monographies folkloriques de la France, issues soit des
enquêtes directes entreprises par Van Gennep, soit
des réponses aux questionnaires qu'il envoyait à ses
correspondants, soit encore des deux méthodes combi-
nées. Viennent ensuite :

1934 : *Le Folklore de la Bourgogne (Côte-d'Or) avec une
discussion théorique sur le prétendu culte des sources.*
Paris, Maisonneuve, 254 p. (Contributions au folklore
des provinces de France, I).

Van Gennep a fondé lui-même cette collection qui
a publié d'excellentes monographies sur le folklore
de diverses régions de France. De cette même année
date un article important sur les méthodes du folklore,
qui permet de mesurer le chemin parcouru en dix
années, depuis le petit volume intitulé *Le Folklore.*

1934 : Contribution à la méthodologie du folklore.
Lares, vol. V, n° 1, p. 20-34.

1935 : *Le Folklore de la Flandre et du Hainaut français
(département du Nord).* Paris, Maisonneuve, 2 vol.,

737 p. (Contributions au folklore des provinces de France, II-III).

A chacune des monographies de 1934 et 1935, Van Gennep ajouta un appendice : « Étude sur la répartition géographique des géants processionnels » pour le premier ; « Contribution à la théorie générale des patronages », pour le second.

1942 : *Le Folklore de l'Auvergne et du Velay*. Paris, Maisonneuve, 375 p. (Contributions au folklore des provinces de France, V).

1946 : *Le Folklore des Hautes-Alpes. Étude descriptive et comparée de psychologie populaire*. Paris, Maisonneuve, 2 vol., 432 et 321 p.

(Les Littératures populaires de toutes les nations, nouvelle série, IX).

1938-1958 : *Manuel de folklore français contemporain*. Paris, Picard.

T. I. Première partie : *Introduction générale. Du Berceau à la tombe. Naissance, baptême, enfance, adolescence, fiançailles*, 373 p. (1943).

T. I. Deuxième partie : *Du Berceau à la tombe (fin). Mariage, funérailles*, p. 373-830 (1946).

T. I. Troisième partie : *Cérémonies périodiques cycliques*. 1. *Carnaval, Carême, Pâques*, p. 833-1416 (1947).

T. I. Quatrième partie : *Cérémonies périodiques cycliques*. 2. *Cycle de mai, la Saint-Jean*, p. 1421-2135 (1949).

T. I. Cinquième partie. 3. *Les Cérémonies agricoles et pastorales de l'été*, p. 2137-2543 (1951).

T. I. Sixième partie. 4. *Les Cérémonies agricoles et pastorales de l'automne*, p. 2545-2854 (1953).

T. I. Septième partie : *Cycle des Douze Jours*, p. 2855-3166 (1958 : ce volume est posthume).

T. III. *Questionnaires. Provinces et pays. Bibliographie méthodique*. 552 p. (1937).

T. IV. *Bibliographie méthodique (fin). Index*, p. 533-1078 (1938).

On a préféré donner les indications bibliographiques du *Manuel* systématiquement plutôt que chronologiquement selon l'ordre de parution, pour faciliter la compréhension du plan général de l'ouvrage.

Les notes fragmentaires rédigées par Van Gennep en vue des conclusions du *Manuel* et dont nous avons cité des passages, paraîtront, grâce à l'obligeance de M. Jean Cuisenier, Conservateur en chef du Musée des arts et traditions populaires, dans un prochain numéro des *Archives d'ethnologie française* (Paris, Maisonneuve et Larose).

Durant presque toute sa vie Van Gennep a fait des traductions. On trouvera ci-dessous les principales d'entre elles :

1898 : G. J. Frazer. *Le Totémisme*, Paris, Schleicher, 139 p.

1902 : K. Groos. *Le Jeu des animaux*. Paris, Alcan, 376 p.

1908-1935 : Havelock Ellis. *Études de psychologie sexuelle*. Paris, Mercure de France, 18 vol.

1920 : E. Canziani. *Costumes, mœurs et légendes de Savoie*. Chambéry, Dardel, 101 p.

1927 : A. C. Haddon. *Les Races humaines et leurs répartitions géographiques*. Paris, Alcan, xv-327 p.

1930 : Lord Alfred Douglas. *Oscar Wilde et quelques autres*. Paris, Gallimard, 247 p.

1934-1938 : E. Westermarck. *Histoire du mariage*. Paris, Mercure de France, 5 vol. (réédité chez Payot en 1943-1945).

APPENDICE :

L'HUMOUR DE VAN GENNEP

En l'année 2211, comme on sait, toute l'Europe, pivotant autour des Monts Oural comme autour d'une gigantesque charnière, s'affaissa de 880 mètres et disparut sous les flots. Il n'émergea plus que les massifs montagneux du Plateau Central, des Pyrénées, des Alpes, des Carpathes, et de-ci de-là, quelques monts. L'irruption des eaux eut lieu pendant la nuit.

Elle fut si soudaine que bien peu de gens réussirent à se mettre à l'abri en escaladant les pentes à portée. Des villes peu importantes, des villages, des hameaux, des chalets subsistèrent, dont les habitants firent, pendant quelques siècles, preuve d'une ardeur à vivre et d'une énergie remarquables. Bien mieux, des États se constituèrent, qui élaborèrent une civilisation avancée.

Mais le vieil instinct de lutte et de rapine des habitants de l'Archipel Européen n'était point mort. Il y eut des guerres et des massacres, et vers la fin du quatrième millénaire après Jésus-Christ l'Archipel Européen se trouvait entièrement dépeuplé.

Les Asiatiques, les Africains et les Américains avaient assez à faire chez eux. Ce que l'Europe leur avait donné, les méthodes scientifiques et les inventions techniques, ils le perfectionnèrent. Et ayant des terres fertiles à

179

faire valoir, des minerais à exploiter, ils ne virent aucune utilité pendant cinq ou six mille ans, à coloniser l'Archipel.

Mais alors des causes connues les poussèrent à l'émigration. Elle se fit scientifiquement. C'est-à-dire que des géographes, des topographes, des géomètres eurent à délimiter équitablement les zones d'influence, que des ingénieurs étudièrent les possibilités économiques des territoires redevenus vierges et que des archéologues reçurent mission d'exhumer méthodiquement ce qu'ils pourraient trouver des vestiges d'un passé dont de rares livres et quelques centaines d'opuscules conservés dans les bibliothèques publiques affirmaient la gloire évanouie et l'antique richesse.

A la tête d'une de ces missions archéologiques fut placé le célèbre T. D. B. Abdallah Sénoufo, professeur d'épigraphie comparée à l'Université des États-Unis du Tchad. Ses précédents voyages, ses découvertes sensationnelles le désignaient à ce poste de confiance. Et d'ailleurs sa présence était nécessaire sur les champs de fouilles : il était le seul savant du monde qui comprît le français d'autrefois et les dialectes divers des anciennes provinces de France. Il possédait l'unique exemplaire connu d'un atlas linguistique, resté inachevé par suite du cataclysme, mais d'autant plus précieux.

Enfin Abdallah Sénoufo avait encore sur ses confrères l'avantage de connaître un peu de latin, et on lui devait une excellente traduction en néobaguirmien des passages des auteurs romains qui traitaient de la géographie et de l'ethnographie des Alpes.

La mission s'embarqua fin avril 9040 et parvint rapidement à l'Ile Blanche, dont les glaces baignent dans la Mer Rhodanienne. Malgré les coups de vent, le débarquement sur divers points des baies voisines se fit sans encombre. Après des sondages infructueux, la mission s'établit au pied d'une colline, innommée encore, et que les archéologues appelèrent patriotiquement : la Dent-du-Tchad.

De très vétustes cartes permirent de reconnaître que cette colline avait, sept mille ans plus tôt, surplombé un petit lac appelé Bourjè, ou quelque chose d'approchant.

A divers indices auxquels l'œil d'un archéologue exercé ne se trompe pas, il avait été reconnu que les pentes de cette colline avaient été habitées pendant deux ou trois mille ans de suite. De-ci, de-là, on distinguait des cavités, soit rondes, soit carrées. Des fouilles méthodiques mirent au jour dans l'une de ces cavités quarante-sept couches superposées de débris et de détritus, qui correspondaient à autant de civilisations différentes. Les Baguirmiens relevèrent avec soin les moindres indices, emballèrent les tessons, les silex et les fers rouillés, puis explorèrent successivement toutes les autres cavités.

Un jour de juillet, la chaleur torride et la réverbération de la mer forcèrent le professeur Abdallah Sénoufo d'aller se mettre à l'abri. Après quelques recherches, il trouva dans une anfractuosité de rocher comme une sorte de siège naturel. La tête à l'ombre et recevant au visage la brise marine, le professeur s'assoupit. Tout à coup un rayon lumineux vint frapper l'un de ses yeux et cette sensation perçue au travers des paupières les lui fit soulever. A cinquante mètres de là scintillait quelque chose, assurément un objet de métal.

Le savant choisit des points de repère, tels que branches et cailloux, puis se dirigea lentement vers l'objet brillant. Il faut avoir fait en personne de l'archéologie pour comprendre le saisissement et la joie du professeur Abdallah Sénoufo : cet objet était une mince plaque de cuivre, par endroits trouée, en d'autres rongée, et partout patinée sauf au centre, resté net, et où se discernait une sorte de visage joufflu. Dans l'un des coins on voyait les restes, très aplatis, de diverses lettres.

Ayant délicatement enveloppé la plaque de son mouchoir, le professeur héla son personnel, fit déblayer la place et faire une fouille méthodique. On constata bien qu'en cet endroit avait dû se trouver une maison, mais aucun autre vestige intéressant ne vint au jour. Puisque la méthode ne sert de rien, abandonnons-nous au hasard, pensa Abdallah Sénoufo. Et de fait, quelques jours plus tard, à soixante-deux mètres quarante-quatre centimètres de l'emplacement de sa première trouvaille, il heurta du pied une seconde plaque de cuivre, plus mince que la première, sans figure centrale, mais munie de quatre lettres majuscules en relief. Les fouilles furent poursuivies jusqu'au début de l'hiver ; le professeur fit d'innombrables promenades ; mais on ne trouva plus rien d'intéressant. En conséquence la mission retourna à Sipar, capitale des États-Unis du Tchad, et le professeur se mit à rédiger son rapport.

Comme ce rapport, qui comprend septante-et-deux volumes in-folio petit texte avec figures, plans, cartes et notes explicatives, se trouve dans toutes les bibliothèques publiques et privées, j'y renvoie le lecteur, et me contente de résumer ici brièvement les tomes trente-sept à cinquante-huit, spécialement consacrés à l'étude des deux plaques de cuivre.

Pour la première, les interprétations d'Abdallah Sénoufo doivent être acceptées intégralement et sans réserve. Il est absolument évident que la figure centrale représente le visage joufflu d'un adolescent, et que les traits divergents qui partent de ce visage et atteignent presque l'encadrement, dont il subsiste des parcelles au bord de la plaque, sont des rayons *solaires*.

Ce qui confirme cette idée, c'est que dans le coin supérieur de droite se distinguent les lettres EIL. Le savant professeur s'étant donné la peine de dresser le tableau des très vieux mots français qui se terminaient en EIL, on est à même de constater que les mots ŒIL, CONSEIL et autres semblables ne fournissent aucun sens en rapport avec la figure centrale, mais que seul le mot SOLEIL correspond à la représentation du visage joufflu d'où partent des rayons. La plaque est malheureusement trop fruste pour qu'il soit possible de reconstituer les mots qui vraisemblablement précédaient celui de SOLEIL.

Quels qu'ils aient pu être, il n'en est pas moins certain que ce document jette une vive clarté sur la mentalité des anciens habitants de la Dent-du-Tchad. On

182

peut même dire que nous nous trouvons enfin en mesure de déterminer leur religion. Car on ne saurait douter qu'une matière aussi précieuse que le cuivre n'a pu servir qu'à honorer les divinités. D'où suit naturellement que la plaque dont il s'agit n'est autre qu'une très vieille plaque votive, dédiée par quelques Français au dieu Soleil, sans doute afin qu'il fît mûrir, ou parce qu'il avait fait mûrir les récoltes.

Le professeur Sénoufo rappelle avec raison à ce propos qu'un auteur trop oublié de nos jours, car ce fut un de nos plus dignes précurseurs, un certain Georges Cumont, avait constaté la grande diffusion des cultes solaires dans l'Europe de la fin du premier millénaire avant Jésus-Christ.

Ce culte a dû persister pendant plusieurs siècles, et il florissait certainement dans les régions fertiles de la Dent-du-Tchad, anciennement appelées *Savoye*, vers la fin du deuxième millénaire après Jésus-Christ. Il est difficile, quand il s'agit d'époques aussi reculées, d'arriver à une précision absolue. A quelques siècles près, le culte du Soleil a donc duré dans cette région de l'ancienne Europe environ quinze cents à trois mille ans.

C'est à la même période de la civilisation qu'il convient de rapporter le deuxième document découvert. Grâce à des décapages délicats, le professeur Abdallah Sénoufo a réussi à faire ressortir sur le fond de la plaque les quatre lettres M A C L.

L'épigraphie étant sa spécialité, il a éprouvé de longues hésitations dans leur lecture et dans la fixation de leur date. Épigraphiquement parlant, ces lettres appartiennent à la belle écriture monumentale latine. Les débuts de cette écriture se placent environ vers le milieu du premier millénaire avant Jésus-Christ ; elle est restée en usage jusqu'au cataclysme de 2211. Il y a donc, on le voit, une concordance parfaite entre les deux plaques.

L'idée qui vient d'abord à l'esprit, c'est que la deuxième plaque est, comme la première, un ex-voto latino-français. Quelques dieux de ces pays nous sont connus, et parmi eux se signalent MERCURIUS, CARLOMAG[NUS], NAPOLÉO[N] et LIVAROT. Ce dernier ne nous est connu que par un fragment de boîte en bois retrouvé sur un pic de l'île d'Auvergne par la mission japonaise il y a quelques années, et miraculeusement conservée sous une couche de cendres volcaniques. Comme aucune autre mention du dieu LIVAROT (l'orthographe est certaine) n'a été relevée dans l'Archipel Alpin, nous croyons, avec le professeur Sénoufo, qu'il n'y a pas lieu de s'attarder à l'hypothèse indiquée ci-dessus.

Il serait trop long d'examiner une à une toutes les théories, dont quelques-unes très séduisantes, successivement proposées par l'ingénieux épigraphiste. On serait assez tenté, par exemple, de rapprocher ce mot mystérieux du nom d'une autre divinité, peut-être féminine, et dont on pourrait le considérer comme une abréviation à l'usage des initiés aux mystères sacrés. Le nom complet de cette divinité est IMAKULEKON-SEPSION, que peut-être les initiés abrégeaient en MACL dans leurs oraisons. La différence de graphie n'a pas tellement d'importance que pourraient le croire les profanes, attendu que le nom complet de la déesse a été relevé sur un morceau d'ardoise qui devait servir aux enfants pendant la période d'initiation aux mystères pour y inscrire ce que j'ose appeler leurs « leçons ». L'orthographe amendée serait IMACLE-CONSEΨIΩN.

Pour des raisons très graves, cependant, notre célèbre compatriote rejette cette interprétation, ainsi que la suivante, qui a du moins eu l'avantage de le mettre sur la voie de la véritable. On sait que parmi les Américains descendant des colons européens primitifs, il subsiste quelques rares familles dont le nom commence par *Mac*.

Le professeur Sénoufo a même réussi à dresser une liste très curieuse de noms propres comme Macler, Macfarlane (nom d'un vieux roi célèbre pour l'ampleur de ses dimensions), Macgillicuddy et autres semblables. On ne voit pas pourquoi un nom de cette espèce aurait été gravé partiellement sur une précieuse plaque de cuivre, étant donné surtout que les noms de ce genre étaient localisés dans Scotchisland. Mais l'idée que MACL pouvait avoir une signification ethnique était féconde.

La preuve en est que le professeur Abdallad Sénoufo a résolu le problème avec une élégance qui ne laisse rien à désirer. En compulsant de très vieux livres sur les peuples qui ont colonisé la région des Alpes où est située la Dent-du-Tchad, il a trouvé une liste de quatre noms de tribus dont les initiales correspondent exactement aux lettres de la plaque. Qu'on en juge : M EDULLES ; A LLOBROGES ; C EUTRONS ; L IGURES.

La plaque en question est donc nettement le signe d'une alliance qu'ont conclue ces peuples dans le cours du premier millénaire après Jésus-Christ, peut-être, étant donnée la proximité des lieux de trouvaille, sous l'invocation du dieu Soleil. La découverte de ce fait historique est certes d'une importance incalculable. Elle projette sur ce passé lointain une lumière éclatante, et c'est avec orgueil que nous saluons à nouveau en notre illustre compatriote l'un des porte-flambeaux de la science archéologique.

Une note humoristique pour terminer ce compte rendu par endroits bien aride. Le professeur Abdallah Sénoufo est déjà arrière-grand-père. Parmi ses petits-enfants, il en est un, Omar, maintenant âgé de trente-trois ans, qui a appris le vieux français sous la direction de son grand-père et qui promet de marcher dignement sur ses traces quand l'heure de la retraite aura sonné pour le vénérable Abdallah. Un jour, à dîner, le jeune homme affirma qu'il croyait comprendre l'inscription qui coûtait à ce moment tant de veilles et de recherches à son aïeul :

— Bon papa, a-t-il dit, je crois bien qu'en vieux français MACL signifiait : MAISON ASSURÉE CONTRE L'INCENDIE.

Le professeur est l'indulgence même. Au lieu de

relever vertement son petit-fils, le bon vieillard se mit
à rire, mais à rire, et encore à rire :

— Mon enfant, je ne puis plus dire mon élève, finit-il
par proférer, ne vois-tu donc pas que ton exégèse se
fonde sur une impossibilité épigraphique!

(Les Demi-savants, p. 115-133.)

TABLE DES MATIÈRES

Introduction   5

PREMIÈRE PARTIE

1. — Le Totémisme   31
2. — Méthode comparative, méthode
     des séquences, mythe et rite....   46
3. — Les Rites de passage   69

DEUXIÈME PARTIE

1. — Méthodologie du folklore   85
2. — Le Manuel de folklore français
     contemporain   99
3. — Les Marques de propriété 121
4. — Folklore et histoire 132

Conclusion 141

Textes 157
Bibliographie....................... 173
Appendice. L'humour de Van Gennep.... 179

COLLECTION SCIENCE DE L'HOMME

Dr Karl ABRAHAM : *Œuvres complètes. Tome I : Rêve et mythe.*
— *Tome II : Développement de la libido. Formation du caractère.*
— *Psychanalyse et culture* (PBP nº 145).
David BAKAN : *Freud et la tradition mystique juive,* suivi de *La double leçon de Freud* par Albert MEMMI.
Dr M. BALINT : *Le médecin, son malade et la maladie* (PBP nº 86).
— *Techniques psychothérapeutiques en médecine* (PBP nº 162).
— *Le défaut fondamental.*
— *Les voies de la régression.*
— *Amour primaire et technique psychanalytique.*
Dr Ed. BERGLER : *La névrose de base.*
— *Psychopathologie sexuelle.*
Jean BERNHARDT : *Platon et le matérialisme ancien.*
Dr M. BOUVET : *La relation d'objet* (Œuvres, Tome I).
— *Résistances — transfert* (Œuvres, Tome II).
D. BRAUNSCHWIEG et M. FAIN : *Éros et Antéros* (réflexions sur la sexualité) (PBP nº 170).
Dr Charles BRISSET : *L'avenir de la psychiatrie en France.*
J. CHASSEGUET-SMIRGEL : *Pour une psychanalyse de l'art et de la créativité.*
J. CHASSEGUET-SMIRGEL et al. : *La sexualité féminine* (Recherches psychanalytiques nouvelles) (PBP nº 147).
Dr L. CHERTOK : *L'hypnose* (PBP nº 76).
— et Dr R. de SAUSSURE : *Naissance du psychanalyste* (de Mesmer à Freud),
G. CLARIDGE : *Les drogues et le comportement humain.*
Collectif : *La sexualité perverse* (études psychanalytiques).
A. COSTES : *Albert Camus et la parole manquante.*
Dr Ch. DAVID : *L'état amoureux* (essais psychanalytiques) (PBP nº 175).
Robert DESOILLE : *Marie-Clotilde, une psychothérapie par le rêve éveillé dirigé.*
— *Entretiens sur le rêve éveillé dirigé en psychothérapie.*
Hélène DEUTSCH : *La psychanalyse des névroses.*
R. DUBOS : *L'homme et l'adaptation au milieu.*
R. DUFRESNE : *Bibliographie des écrits de Freud.*
N. FABRE : *Le triangle brisé* (trois psychothérapies d'enfants par le R. E. D.).
Dr S. FERENCZI : *Thalassa, Psychanalyse des origines de la vie sexuelle* (PBP nº 28).
— *Psychanalyse I.*
— *Psychanalyse II.*
C. I. GOULIANE : *Le marxisme devant l'homme.*
— *Hegel ou la philosophie de la crise.*
Dr B. GRUNBERGER : *Le narcissisme.*
Dr René HELD : *Psychothérapie et psychanalyse* (PBP nº 110).
— *De la psychanalyse à la médecine psychosomatique.*
— *L'œil du psychanalyste* (PBP nº 218).
Dr E. JONES : *Théorie et pratique de la psychanalyse.*
— *Essais de psychanalyse appliquée.*
— *Psychanalyse, folklore, religion.*
Mélanie KLEIN : *Essais de psychanalyse.*
— et J. RIVIERE : *L'amour et la haine* (PBP nº 112).
S. KOFMAN : *L'enfance de l'art. Une interprétation de l'esthétique freudienne.*
Dr J. G. LEMAIRE : *La relaxation* (PBP nº 66).
— *Les thérapies du couple.*
Dr L. LEWIN : *Phantastica* (Drogues psychédéliques, narcotiques, hallucinogènes) (PBP nº 164).
Konrad LORENZ : *Évolution et modification du comportement* (L'inné et l'acquis).
M. MAHLER : *Psychose infantile.*
Dr D. MELTZER : *Le processus psychanalytique.*
F. A. MESMER : *Le magnétisme animal.*
A. de MIJOLLA et S. A. SHENTOUB : *Pour une psychanalyse de l'alcoolisme.*
Dr S. NACHT : *Le masochisme* (PBP nº 71).
— *Guérir avec Freud* (PBP nº 192).
R. OSBORN : *Marxisme et psychanalyse* (PBP nº 99).
Dr F. PASCHE : *A partir de Freud.*
Dr P. C. RACAMIER et al. : *Le psychanalyste sans divan.*
O. RANK : *Le traumatisme de la naissance* (PBP nº 121).
— *Don Juan et le double* (PBP nº 211).

W. Reich: *L'analyse caractérielle.*
— *La psychologie de masse du fascisme.*
— *L'irruption de la morale sexuelle.*
— *Reich parle de Freud.*
— *Écoute, petit homme!*
— *L'éther, Dieu et le Diable.*
Dr S. Resnik : *Personne et psychose.*
P. Roazen : *Animal mon frère, toi* (l'histoire de Freud et Tausk).
Marthe Robert : *La révolution psychanalytique* (la vie et l'œuvre de Freud) (2 vol. PBP nos 58 et 59).
G. Roheim : *Les portes du rêve.*
Sami-Ali : *De la projection. Une étude psychanalytique.*
— *Le haschisch en Égypte.*
Dr M. Sapir : *La formation psychologique du médecin.*
Lucien Sebag : *Marxisme et structuralisme* (PBP no 101).
N. Tinbergen : *La vie sociale des animaux* (PBP no 103).
L. Whyte : *L'inconscient avant Freud.*
Dr D. W. Winnicott : *De la pédiatrie à la psychanalyse.*
— *Processus de maturation chez l'enfant.*
— *L'enfant et sa famille* (PBP no 182).
— *L'enfant et le monde extérieur* (PBP no 205).

Bibliothèque de Psychologie Sociale et de Sociopsychanalyse :

Collectif : *Sociopsychanalyse 1* (PBP no 200).
— *Sociopsychanalyse 2* (PBP no 210).
— *Sociopsychanalyse 3* (PBP no 222).
E. Falque : *Voyage et tradition* (*Les Manouches*).
Dr S. H. Foulkes : *Psychothérapie et analyse de groupe.*
C. Guedeney et G. Mendel : *L'angoisse atomique et les centrales nucléaires.*
Dr André Haim : *Les suicides d'adolescents.*
Dr G. Mendel : *La crise de générations* (PBP no 180).
— *Pour décoloniser l'enfant* (PBP no 188).
— *La révolte contre le père* (PBP no 197).
— *Anthropologie différentielle* (PBP no 208).
— et C. Vogt : *Le manifeste éducatif* (PBP no 226).
A. et M. Mitscherlich : *Le deuil impossible.*

Bibliothèque d'Ethnologie :

E. E. Evans-Pritchard : *Anthropologie sociale* (PBP no 132).
G. P. Murdock : *De la structure sociale.*
Michel Panoff : *La terre et l'organisation sociale en Polynésie.*
M. et F. Panoff : *L'ethnologue et son ombre.*
P. Parin et F. Morgenthaler : *Les Blancs pensent trop* (13 entretiens psychanalytiques avec les Dogon).

Monographies :

M. Panoff : *Bronislaw Malinowski* (PBP no 195).
R. Dadoun : *Géza Roheim* (PBP no 196).
C. Girard : *Ernest Jones* (PBP no 199).
D. Saada : *S. Nacht* (PBP no 201).
I. Barande : *Sandor Ferenczi* (PBP no 204).
N. Belmont : *Van Gennep* (PBP no 232).

Si vous appréciez les volumes de cette collection et si vous désirez être tenu au courant des publications des ÉDITIONS PAYOT, PARIS, découpez ce bulletin et adressez-le à :

ÉDITIONS PAYOT, PARIS
106, Bd Saint-Germain
Paris 6ᵉ

NOM ....

PRÉNOM ....

PROFESSION ....

ADRESSE ....

....

Je m'intéresse aux disciplines suivantes :

ACTUALITÉ, MONDE MODERNE ☐
ARTS ET LITTÉRATURE ☐
ETHNOGRAPHIE, CIVILISATIONS ☐
HISTOIRE ET GÉOGRAPHIE ☐
PHILOSOPHIE, RELIGION ☐
PSYCHOLOGIE, PSYCHANALYSE ☐
SCIENCES (Naturelles, Physiques) ☐
SOCIOLOGIE, DROIT, ÉCONOMIE ☐

(Marquer d'une croix les carrés correspondant aux matières qui vous intéressent.)

Suggestions :

....

....

....

ACHEVÉ   D'IMPRIMER   LE
3 JANVIER 1974 SUR LES
PRESSES   DE   L'IMPRIMERIE
BUSSIÈRE, SAINT-AMAND (CHER)

— Nº d'impression : 953. —
Dépôt légal : 1er trimestre 1974.
Imprimé en France